大学生通识拓展特色课程系列丛书

大学生心理健康教育

——"芳菲心灵"活动教程

主　编　秦　喆
副主编　林炳橼　汪　玲　王新香
　　　　王　超　蒋　梦
参　编　江　平　刘　妍　肖洁丽
　　　　李　为　赵秀丽　冯　呐

西安电子科技大学出版社

内 容 简 介

本书基于成果导向教育(Outcome Based Education，OBE)和对分教学法编写而成，书中将碎片化、分散性的心理健康教育活动内容整合为 15 个项目：新生团体心理素质训练、心理主题班会的策划与开展、心理征文活动的开展、心理漫画的赏析与创作、心理主题演讲、心理健康公益广告、校园心理剧的创作与赏析、校园笑脸墙、心理读书会、团体心理拓展活动、心理成长团体、心理电影赏析、心理健康专题讲座、心康站校友分享会、心理公益实践。每个项目下设项目概述、内容设计、能力目标、评价方式、素质得分和活动的理论知识以及实践成果几个部分，图文并茂，通俗易懂。

本书可作为高职院校心理健康教育活动"第二课堂"或公共选修课的教学资料，也可供心理健康教育教师、非心理学专业学生作为学习参考资料。

图书在版编目(CIP)数据

大学生心理健康教育："芳菲心灵"活动教程/秦喆主编. --西安：西安电子科技大学出版社，2024.5

ISBN 978 - 7 - 5606 - 7270 - 0

Ⅰ. ①大…　Ⅱ. ①秦…　Ⅲ. ①大学生—心理健康—健康教育　Ⅳ. ①G444

中国国家版本馆 CIP 数据核字(2024)第 081799 号

策　　划　张紫薇　李鹏飞
责任编辑　李鹏飞
出版发行　西安电子科技大学出版社(西安市太白南路 2 号)
电　　话　(029)88202421　88201467　　邮　　编　710071
网　　址　www. xduph. com　　　　　　电子邮箱　xdupfxb001@163.com
经　　销　新华书店
印刷单位　陕西天意印务有限责任公司
版　　次　2024 年 5 月第 1 版　2024 年 5 月第 1 次印刷
开　　本　787 毫米×1092 毫米　1/16　印张　8.75
字　　数　198 千字
定　　价　31.00 元
ISBN 978 - 7 - 5606 - 7270 - 0/G
XDUP 7572001 - 1

《大学生心理健康教育——"芳菲心灵"活动教程》 编委会

顾　问　陆璐明

主　任　巢居鹏

副主任　冷年友

总策划　马　娟

主　编　秦　喆

副主编　林炳橡　汪　玲　王新香
　　　　王　超　蒋　梦

参　编　江　平　刘　妍　肖洁丽
　　　　李　为　赵秀丽　冯　呐

序

近年来，高校学生的心理健康受到广泛的关注。随着生活节奏加快，竞争压力增大，心理健康问题逐年增多，需要得到各方重视。党的十八大以来，遵循习近平总书记的指示，高校坚持全面加强和改进学生心理健康教育工作。2021年11月，教育部召开全国高校学生心理健康教育工作推进会，会议强调要加强育德育心相结合，知识普及要更加全面到位，科学设置课程，生动开展活动，切实增强学生的心理韧性。俞国良等人在《四十年来我国高校心理健康教育政策分析：定性与定量的视角》(2022)一文中将我国高校心理健康教育政策的发展历程分为四个时期，其中，2011年至今为高校心理健康教育政策的深化期。在《"健康中国2030"规划纲要》《关于加强心理健康服务的指导意见》等众多文件中，都对加强心理健康教育提出了要求，要求提升高校学生心理健康素质。为达到这一要求，同时响应政策号召，高校需要积极组织好学校的心理健康教育活动，以实现高校与政策在心理健康教育上的通力协作，提高心理健康教育质量。

心理健康教育活动作为高校开展心理健康教育的重要途径，需要与时俱进的、贴合实际的理论指导和实践的经验参考。在理论指导方面，本书基于成果导向教育（Outcome Based Education，OBE）和对分教学法进行编写。前者强调以学生的学习成果为导向，具体分为五个方面：一是想要取得什么样的成果，二是为何需要这个成果，三是如何有效地帮助学生取得成果，四是如何判断学生是否已经获得了学习成果，五是如何保障学生获得学习成果；后者是由张学新提出的新型教学模式，其目的在于激发学生学习的自主性，包括讲授、内化吸收、讨论三个环节。可以看出，这两种教学方式都强调立足于学生，调动学生的积极性，进而实现心理健康状况的改善。在实践参考方面，本书依据实际开展的心理健康教育活动经验，将心理健康教育活动分为具体的、可操作的15个项目，为心理健康教育活动的组织提供精准易懂的分类指导。每个活动大致按活动介绍、活动内容展示和活动参与指引的次级主题按序编排，与实际的心理健康教育活动流程基本一致，更有利于教学内容的传达和实施。除此之外，活动内容展示可以为想要了解或组织心理健康教育活动的工作者展示具体的基于实践的活动开展情况，使教学内容不仅仅停留于纸面，而是落于实际，为组织者提供更切实可靠的操作参考。

本书内容简洁明了、图文并茂，教学理论与活动实践相结合，语言清晰且易懂，能有效实施教学。在内容编排上，框架类内容用文本框单独列出，表格类内容也有清晰的附表，文字内容言简意赅，方便读者快速检索和阅读；正文部分则穿插有心理健康教育活动的实践照片，更有利于读者理解文本内容，同时加深读者对活动的印象。

从具体章节内容来看，在前言部分，作者便已基于成果导向教育编写好能力指标，为后续能力培养提供统一、清晰的标准。作者将缺乏明细分类的心理健康教育活动归纳为 15 个项目，在介绍每一个项目时，给出本项目内容的框架，方便读者捕捉关键内容；至于具体活动介绍，会先给出该活动可参考的定义，具体说明之后才引出相对抽象的理论介绍；在范例列举上，会给出具体的、优秀的活动成果以供读者参考。

阅读此书，读者能感受到心理健康教育活动的精彩，并能在本书指引下尝试了解或组织类似的甚至是更完备的心理健康教育活动，因此本书对高校的心理健康教育具有积极意义。希望读者在阅读此书后，能有自己的心得与体会，也希望本书对进一步提升高校心理健康教育活动的科学性、生动性以及提高高校学生心理健康素质有所帮助。

暨南大学　张将星教授
2023 年秋　广州

前　言

党的二十大报告指出：推进健康中国建设，把保障人民健康放在优先发展的战略位置。2018 年 7 月，教育部党组印发的《高等学校学生心理健康教育指导纲要》（教党〔2018〕41 号）提出，"要不断扩大心理健康教育的覆盖面和受益面，组织开展各种有益于大学生身心健康的文体娱乐活动和心理素质拓展活动，不断增强心理健康教育的吸引力和感染力。"

心理健康教育活动是加强高职院校大学生心理健康教育的重要途径，为此，我们坚持以立德树人为根本，以学生为中心，以学生学习成果为导向，将心理健康教育活动直接课程化，构建了"项目—课程—活动"体系，把心理健康教育类活动归纳整合为"芳菲心灵"活动（课程编号：T43002），成立由专业心理老师和有意愿投入课程建设的老师组成的核心研究团队，将科研与实践融为一体，认真研发每一项活动的项目概述、内容设计、对应的能力指标、评价方式以及素质得分等，通过教育教学实践，不断打磨优化，并共同编写了这本《大学生心理健康教育——"芳菲心灵"活动教程》。

本书的主要特点如下。

（1）基于成果导向教育（OBE）编写项目，侧重应用和学生实际能力的提升。本书的能力指标如表 1 所示。

表 1　能 力 指 标

核心能力	通识能力指标
A 沟通整合	AT1 具备有效沟通和团队协作能力
	AT2 具备跨界整理的基本能力
B 学习创新	BT1 具备持续学习及独立思考能力
	BT2 具备创意、创新或创作的基本能力
C 责任担当	CT1 具备承担责任、关怀社会的能力
	CT2 具备人文、艺术、保持身心健康的基本素养
D 专业技能	DT1 具备专业所需的语言表达、数学运算或计算机运用等基础知识及技术能力
	DT2 具备运用现代化信息手段或常用学习工具解决问题的基本能力
E 问题解决	ET1 具备综合运用社会科学、自然科学或经济管理等相关知识发现问题并分析问题的能力
	ET2 具备应用所学知识解决问题的基本能力
F 职业素养	FT1 具备遵守规范、忠诚、敬业、乐业的能力
	FT2 具备适应变迁、调整角色及作好职业生涯发展规划的能力

（2）基于对分教学法编写内容，将重点放在高职院校学生心理健康教育活动相关专业知识的理解与应用上，旨在提升学生自我成长的能力，提高学生的参与度和获得感。

（3）本书的编排注重趣味性和可操作性，图文并茂、通俗易懂、学用结合。

本书共有 15 个项目，包含了与高职大学生心理成长密切相关的活动。各项目的编写情况如下：项目 1、4、5、6、15 由秦喆编写，项目 7 由秦喆、刘妍编写，项目 8、9 由林炳橡编写，项目 3、12 由汪玲编写，项目 2 由王新香编写，项目 10 由王超编写，项目 11 由蒋梦编写，项目 13 由赵秀丽、冯呐编写，项目 14 由江平、肖洁丽、李为编写。全书由秦喆负责统稿并审阅。

本书是 2021 年度广东省普通高校特色创新类项目"高职大学生心理健康教育活动的课程化体系建设"（2021WTSCX196）课题研究成果，其中的教学理念、方法和载体，是编者从事心理健康教育 10 余年的实践成果。本书的编写得到了学校领导、各二级学院的大力支持，在党委学生工作部、通识拓展特色课程研究中心的总体统筹规划下，经由"芳菲心灵"课程组成员的通力协作，最终成书。希望本书能够传递心理健康教育的温暖和力量，让更多师生深入了解和积极参与心理健康教育活动，让更多的大学生获得心理成长。

本书在编写过程中参考了国内外同行的重要研究文献和成果，引用了相关老师和学生的图文作品，在此一并表示感谢。由于编写时间紧张，编者水平有限，难免存在纰漏与错误，敬请广大读者批评、指正和谅解。

编　者

2024 年 2 月

目　录

项目 1

新起点 心沟通：新生团体心理素质训练

项目概述

项目目的　提高新生人际沟通、适应新环境的能力。

项目组织　由专业心理老师指导，高年级同学带领的体验式团体活动。

预期成果　消除新生之间的陌生感，活跃人际关系，增进沟通、交流与合作，形成班级凝聚力。

内容设计

通过开展趣味性的体验式团体活动，促进新生相互认识了解，锻炼学生的沟通能力、团队合作能力、组织协调能力、新环境的适应能力，为个人与班级的和谐发展打下良好基础。

活动 1　了解团体心理素质训练；

活动 2　参与体验式团体心理素质训练活动。

能力目标

AT1　有效沟通、团队协作；

CT2　保持心理健康；

ET2　解决问题；

FT2　适应角色、调整变迁、调整发展。

评价方式

签到、观察、行为观测、心得体会。

素质得分

基础分、组织者附加分。

活动 1　了解团体心理素质训练

一、团体心理素质训练课程简介

团体心理素质训练是以新生自然班为单位，通过设定的结构性活动，让学生在"体验—分享—交流—整合—应用"的过程中相互认识和了解、沟通与交流，消除陌生感，为新生尽快适应大学人际氛围提供实践的机会（见图 1.1）。每个新生自然班级约为 50 人，由 2～3 位经过专业培训的高年级学生作为主持人进行引导，活动历时 3 个半小时，分为"相见又相识""沟通与交流""合作与竞赛""总结与反馈"四个环节，旨在让新生在参与中获得经验、在体验中获得成长。

图 1.1　团体心理素质训练营基地

"良好的开端等于成功的一半"，新生团体心理素质训练以体验式团体活动为载体，以新生自然班级为单位，通过创造沟通情境来促使新生班级中成员尽快相识，初步形成班级、宿舍集体意识，建立互信互助关系，提高适应能力，为个人与班级的和谐发展打下良好基础。通过这种有指导的"学生教育学生"的朋辈互助模式，提升了各年级学生之间、同班同学之间、师生之间的互动与交流，有效促进了班级—宿舍—同学人际交流的良性发展。此外，高年级学生通过参与此项教育活动，在带领陌生团体活动过程中也获得了组织、领导与协调等管理经验（见图 1.2），对于他们今后走向工作岗位有着积极的作用和意义。

图 1.2　高年级学生带领者接受专业培训

总结此项教育活动的经验有以下几点。

（1）大胆创新，科学规划，将学生教育中的新形式、新方法与高校学生管理工作相结合，形成具有农工商学院特色的心理育人工程。

（2）本项教育活动参与学生群体庞大，活动有序、顺利地开展离不开各部门的通力合作、密切配合。

（3）充分调动了在校学生的能动性和参与意识，精心设计，让更多高年级学生也在教育过程中获得了一次自我提升体验，真正体现了心理素质教育全方位、多层次的教育效果。

二、团体心理素质训练的理论基础

（1）马斯洛需要层次理论揭示每个人都渴望被他人接受、尊重和欣赏；团体可以满足人社交的需要、归属的需要和爱的需要。

（2）社会心理学关于群体的研究证明，在一个团体中，如果成员之间有了相互信任，团体的凝聚力会更强，也将能更有效地发挥团体的效能。

（3）人际关系理论表明，要信任他人必须要先学习开放自己，接纳他人，袒露自己的情感、思想、情绪、感觉和意见，愿意和别人分享资源和观念；要能与他人有效沟通、建立亲密关系，自己应先令人觉得可信、值得信赖、靠得住。

（4）约翰逊(1972)的信任模式论认为，信任他人是一种冒险的选择，之所以会愿意去相信他人，是因为我们相信他人的行为对我们是有利的。信任模式理论还认为，由成员所表现出来高度或低度的接受、支持与合作的意愿以及所呈现出来高度或低度的开放、分享的态度，两个向度交互作用之后，会形成四种信任模式(见图 1.3)。

	高度接受和合作	低度接受和合作
高度开放和分享	信任别人， 也值得别人信任	信任别人， 但不值得别人信任
低度开放和分享	不信任别人， 但值得别人信任	不信任别人， 也不值得别人信任

图 1.3　四种信任模式

活动 2　参与体验式团体心理素质训练活动

在牛津词典上，"体验"被定义为：有意识地成为一种状态或情境的主体，有意识地受到一个事件的影响，被主观看待的一种状态或情境，个人受到影响的一个事件，以及从真实观察或个人经历中获得的知识。

该定义强调了行动与对于行动的感觉和思考之间的联系。Cuffaro 作出了类似的评价，行为和思想并不是体验的两个离散方面，并不是先采取行动，接着在结束时沉思结果（Kolb，1984）。杜威（John Dewey）认为，体验是一个含糊的词，明显的含糊之处是：由不同思考者造成的不一致性（Beard&Wilson，2002），即没有两个人以同样的方式体验同样的事件。我们所描述的事件是心理建构的，它仅仅是我们赋予事件的不同解释，而非事件本身。

在心理学中，体验是指一种由诸多心理因素共同参与的心理活动，体验这种心理活动是与主体的情感、态度、想象、直觉、理解、感悟等心理功能紧密结合在一起的。体验中有认知的参与，但仅有认知的参与还不称其为体验。在体验中，主体不只是去认知、理解事物，而且还因发现事物与自我的关联而产生情感反应，并由此生发丰富的联想和深刻的领悟。也就是说，体验是在与一定经验关联中发生的情感融入和态度、意义的生成。

新生团体心理素质训练活动（见图 1.4）开展开始至今，充分考虑到新生在性格特点、行为习惯、发展诉求等方面的多样性，在新生入学教育中突破传统的教育模式，将朋辈教育与体验式团体辅导相结合，形成具有特色的新生团体心理素质训练教育项目。

图 1.4　新生团体心理素质训练活动

科学合理的活动方案是训练成功开展的保证，心理健康教育老师紧紧围绕新生班集体中的人际适应来制定训练内容，新生团体心理素质训练活动方案名称确定为"新起点 心沟通"。活动共分四个阶段。

首先，热身阶段——设置破冰游戏和团队组建活动，调动学生的积极性，创造良好的氛围，为学生开放心灵做准备；其次，相互认识阶段——设置如"生日线""名字串串烧"等活动，以小组为单位，各组分别选出组长，确定组名和口号，使得学生增进彼此的了解，并找到自己的位置，初步建立起共同的话题；再次，团体合作阶段——这一阶段主要培养学生的团体协作意识，使学生学会沟通，这个阶段是活动的重点，设置了如"心有千千结""蜈蚣翻身"（见图1.5）"携手同心"等活动，要求团体在遇到困难时相互协作、有效沟通、精诚团结，以坚强的意志和顽强的毅力去克服、战胜困难；最后，结束阶段——要求每一位同学写出自己的感受，这一阶段可以使学生加深自己在活动中的认识、体验。

图1.5 "蜈蚣翻身"

在团体训练中，新生们先后体验了"相见又相识""沟通与交流""合作与竞赛"等层层递进、特色鲜明的项目，他们都充分融入集体中，发挥自己的聪明才智及特长，为全面展示各自所在的团队献策献力。"相见又相识"营造了融洽、活跃的团体氛围，让新生相互认识、了解；"沟通与交流"促使新生初步交流，形成属于自己的团队力量，感受团队成员之间彼此信任、合作的重要性；"合作与竞赛"巩固了团队凝聚力，培养团队成员的组织、沟通、协作能力（具体参见项目末表1.1的团体心理素质训练活动方案）。

表 1.1 团体心理素质训练活动方案

活动阶段	活动目标	活动名称	活动内容	活动时间/min
一、相见又相识	1. 营造融洽、活跃的氛围 2. 记住名字，相互认识	1. 遇上你是我的缘 2. 从此心中有个你 3. 我要找到你	1. 分组；组内认识；组间认识 2. 用纠错的方式熟悉组内同学的个人信息 3. 同姓的同学站成一列	60

续表

活动阶段	活动目标	活动名称	活动内容	活动时间/min
二、沟通与交流	初步交流，形成团队，并选出团队的领导	1. 默契报数 2. 我的组长我的组 3. 我型我秀	1. 在不出声的前提下按照生日的顺序排序 2. 选组长、取组名、想口号、唱组歌、小组创意造型 3. 小组展示	50
三、合作与竞赛	巩固团队，培养沟通、协作能力	1. 心有千千结 2. 蜈蚣翻身 3. 携手同心	1. 用最短的时间解开人网 2. 排纵队手搭肩，所有队员像蜈蚣一样钻完所有拉手孔，过程中要保持队形不散 3. 从两人背靠背同时站立到全组、全班一起站立起来	50
四、结束	总结与反馈	1. 寻找心灵之友 2. 缘来一家人	1. 创造人际连接，每个同学抽取一位陌生同学的名片并记住、保密，默默支持和守护对方，在期末班会公布 2. 每位同学谈感受、作记录并将记录的感受上交给带领者	20

　　整个训练过程使得新生真正理解了"团结就是力量"，体会到人际交往的魅力，学会了如何通过团队沟通解决问题，懂得了在逆境中的坚持对于大学生活的重要性。伴随着《相亲相爱》的音乐声，活动进行到"缘来一家人"的环节，在主持人总结与回顾训练体验的点点滴滴之后，新生们感慨万千，对活动各种真诚、感人的感悟分享引起了现场一次又一次的掌声，让每一颗彼此陌生的心在活动中逐渐敞开，融入大学班级新团队中（见图 1.6）。

图 1.6　团体心理素质训练活动后的合影

项目 2

我的大学我参与：心理主题班会的策划与开展

项目概述

项目目的　帮助学生解决心理困惑，促进心理健康成长。

项目组织　由辅导员、班主任或心理老师指导，班级心理委员及其他班干部策划，班级同学参与的团队分工协作活动。

预期成果　普及心理健康常识，引导学生树立健康心态、提升心理素养，预防和减少学生心理问题的发生，让学生在班会体验中提升自我认知，增进同学之间的交流，提高学生的人际交往能力、沟通协调能力，提升学生心理素质，形成强大的班级凝聚力。

内容设计

通过策划和开展心理主题班会，有针对性地解决或预防同学常见的心理问题和心理困惑，如人际关系、自信心、恋爱、学业、就业、挫折、情绪调节等，提升心理素质。

活动 1　了解心理主题班会；

活动 2　策划心理主题班会；

活动 3　心理主题班会的实施；

活动 4　参与心理主题班会。

能力目标

AT1　有效沟通；

CT1　责任担当；

CT2　保持心理健康；

ET2　解决问题；

FT2　调整发展。

评价方式

策划、观察、行为观测。

素质得分

基础分、组织者附加分。

活动 1　了解心理主题班会

　　心理主题班会以全班同学参与为前提，以心理学理论为指导，精心设计心理班会的主题，将心理辅导的技术方法贯穿于主题班会的活动过程中，有针对性地解决或预防学生常见的心理问题、心理困惑，帮助学生建立良好的人际关系，培养自信心，正确面对恋爱、学业、就业问题，学会战胜挫折，学会自我调节情绪。

　　心理主题班会是以团体动力理论和团体心理辅导技术为基础，以班级为单位，以解决班级心理辅导过程中出现的各种问题为主要内容，开展的一种心理辅导活动。具体操作是在班主任或辅导员以及心理健康教育专业教师共同指导下，由班级心理委员及其他班干部共同精心策划，通过分组活动、情景创设、心理剧表演、案例分析、游戏体验、脑力激荡、观看视频等多种形式，让班级同学以团队方式分工协作参与其中，形成自主独特的认识、思考和体验，在班会主持人的组织下，全体同学与班主任或辅导员老师共同交流、分享体验、提升认识，解决心理困惑，促进心理健康成长。

活动 2　策划心理主题班会

　　班级心理主题班会的设计要素包括主题、目的、总体方案（即形式和主要内容）以及具体流程（即开展的详细过程）。

一、明确心理班会的主题和目的

　　心理主题班会根据高职院校学生的心理发展特点及在发展过程中面临的心理困惑，以提高学生心理素质水平为最终目的，有针对性地选取主题，注重体验式学习。因此，主题选择可以是学生生活中关注的热点话题，如人际交往、求职、恋爱等，可以针对近期班级中出现的心理动态如考前焦虑、网络成瘾倾向、学习困惑等，还可以是提升心理素质类如自我认识、团队合作与沟通、时间管理、情绪管理、生涯规划、团队决策等。要求主题鲜明、健康积极、重点突出，整个班会能始终围绕主题展开；目的清晰，能够针对大学生的心理特点和校园生活的实际，引导、帮助大学生解决实际问题。如以"人际关系"为主题的心理班会的主题及目的见表 2.1。

表 2.1　以"人际关系"为主题的心理班会

主题	和谐人际——牵手，聆听彼此的声音
目的	迈进大学已经有两个多月了，同学们也渐渐适应并融入了新的班级。但同学之间，多多少少仍存在不了解的情况。通过这次心理主题班会，希望大家可以增加对彼此的了解，和谐相处，让我们手牵手，聆听彼此的声音

二、合理设计班会形式和主要内容

心理主题班会的活动形式可以是体验式活动、角色扮演、讨论辩论、观看视频等，在整个班会设置中，可以根据班会主题、内容和课室情况进行设计，形成动静结合、理论知识与实践体验相结合的循序渐进的班会活动形式。心理主题班会的主要内容要严格围绕确定的主题和目的进行选择，根据主题的需要讲解心理知识、播放相关视频、安排相关的游戏体验活动等。班会方案设计主要分为热身活动、主题引入、主题活动和分享总结四个阶段。

如以"情绪管理"为主题的心理班会的活动形式和主要内容见表 2.2。

表 2.2　以"情绪管理"为主题的心理班会的活动形式和主要内容

主题	班会名称	主要内容	活动形式
情绪管理	我的情绪我做主	情绪 ABC	热身活动
		情绪小测试	心理测试
		情绪知多少	知识讲解
		情绪体验	体验活动
		分享总结	总结反馈

三、详细梳理心理主题班会的具体流程

在总体方案设计完成之后，为了班会的顺利开展，需要将总体方案各个阶段的目的和任务具体化，内容包括：在班会活动各阶段所要达到的目标、活动的内容、所用的时间、所需的准备工作、操作要点等。梳理心理主题班会具体流程的原则是写完具体流程就等于开了一次班会。围绕这个原则，策划者需要将各个阶段开展活动的时间、目的、操作要点和注意事项罗列清楚。每个环节都要尽可能详细描述，游戏要写清楚游戏规则，测试要把测试题目及答案放进去，视频要简单介绍视频的内容。每个环节之后主持人的总结和承上启下的过渡内容要说明清楚。

活动 3　心理主题班会的实施

心理主题班会运用 PDCA 管理循环，构建出"重视策划—监控实施—效果反馈—总结改进"循环链式制度体系，保证班会的质量。

一、重视策划

心理主题班会需要专业的老师进行指导。学校心理中心的老师就班级心理主题班会的设计、策划、实施等对各班心理委员进行专业的培训，经过培训的心理委员联合班级学生干部并在辅导员老师的指导下，根据各班级同学的实际心理需求，选择适合的班会主题，围绕主题合理安排内容，辅之以各种活动形式，设计出心理主题班会的方案。心理中心的老师就方案提出修改意见，各班进行修改完善后，最终形成最优的方案并自行选择时间开展心理主题班会。班会可以邀请辅导员老师、高年级的心理委员、其他班同学观摩。

二、监控实施

心理主题班会开展过程中，由辅导员老师进行现场监控指导，由曾经组织策划过优秀心理主题班会的心理委员进行现场评分。辅导员老师在班会开展过程中，可以作为班会组织者和主持人的"第三只眼"，及时发现问题、解决问题，并对有关问题发表看法和意见，现场进行引导和优化。

三、效果反馈

班会结束后，辅导员老师及时关注班级同学对本次班会效果的反馈，可以在班会结束后进行现场总结反馈，也可以个别谈话，或关注班级同学的微信群、钉钉群或 QQ 群等网络互动平台的反馈，还可以通过评委的现场评分和评价进行了解。通过跟进同学们对主题班会的效果的反馈，评估同学们对相应心理健康知识的掌握程度、心理困惑缓解程度、心理素质是否得到提升，以便进行相应的指导。

四、总结改进

各班级就心理主题班会的策划、开展等情况进行总结，写出总结报告，并对策划书等资料进行修改完善。将完善后的策划书上报学校心理中心，心理中心评选出优秀的心理主题班会，进行表彰，并遴选优秀心理主题班会方案结集成册，以供今后开展班会的班级参考。

活动 4　参与心理主题班会

以下是高校优秀心理主题班会策划书及开展情况示例。

心理主题班会策划书

电子信息工程技术一班　何瑞初

1. 活动主题

感恩父母，感悟人生

2. 活动的目的及意义

感恩是一门处世哲学，是一种生活智慧。学会感恩，生活赐予你五彩缤纷的经历；学会感恩，经历馈赠你多姿多彩的人生。拥有一颗感恩的心，使你对世界的诸多事情改变看法，让你少一些怨天尤人和一味索取。这样你才会有一个积极的人生观，才有健康的心态，去迎接美好的大学生活。

3. 活动时间

××××年×月×日　星期×　19:30

4. 活动地点

教学楼×栋×××课室

5. 活动主办方

××××级电子信息工程技术一班

主持人：何瑞初、邓焕芳

摄影：冯天荣

助手：班干部

内幕：小倩讲故事，蔡小班打电话回家，大班捧着蜡烛献给老师，老师上台发言

6. 活动参与成员

电信一班全体同学

7. 活动流程

活动流程见表 2.3，部分 PPT 展示见图 2.1。

表 2.3 活动流程表

活动阶段	活动内容	时长/min	备 注
一、主持人朗诵开场白，播放班级电子相册	欢迎同学们，介绍嘉宾班主任或心理老师（提前邀请） 播放班级视频，里面是全班同学一年来的成长经历	8	入场前必须插入背景音乐，调动气氛 视频用绘声绘影软件制作，相片尽快征集
二、进行互动游戏和心理小测试	主持人解说，让同学们玩一个互动小游戏，再进行两组心理小测试	10	具有交互性的集体游戏，让同学们再次感受入学之初团体训练的氛围和乐趣
三、观看 PPT，进入主题	主持人播放 PPT，引入班会主题，小倩同学讲一个感恩故事	10	PPT 上文字不宜太多，图片要尽量生动有趣，感染力强
四、视频环节	先播放《父与女》短篇动画，后播放邹越老师的演讲视频《让生命充满爱》	30	播放完动画后，用解说词引导同学们思考，接着播放演讲视频，引申出生活中的感动
五、分享环节、电话环节	同学们看完视频后肯定有很多想法，让他们说出心中的感动，打个电话回家，跟妈妈说一声谢谢	5	播放音乐，蔡小班第一个上台发言，然后打电话回家，为避免冷场，内定几个同学进行分享
七、传递环节、学会感恩	关上灯，让同学们传递蜡烛，保护蜡烛并感受手心的温暖，把爱传递下去……	5	播放音乐，蜡烛最后传递到大班手中，然后交给老师，请老师上台发言
八、主持人朗诵结束语	总结，强调主题，深化主题	3	同学们有序退场

图 2.1 PPT 展示（部分）

8. 心理主题班会总结（示例）

感恩是一门处世哲学，是一种生活智慧。

在母亲节来临之际，开展这次班会是为了使同学们拥有一颗感恩的心，少一些怨天尤人和一味索取，树立积极的人生观，保持健康的心态，去迎接美好的大学生活。

本次心理班会在过程中虽然有一点偏离策划的流程，但是依旧和主题内容紧扣。在心理班会课的准备阶段，19点工作人员基本到位，装饰好教室，写好黑板报，检查好多媒体设备，19：35班级80％同学到场，班会课开始。

活动开始，主持人播放一段班级视频，内容是上学期至本学期班级活动以及军训期间艰苦训练的剪影，目的在于让同学们回顾一年以来的成长历程，感受这个班集体，为班会气氛作铺垫。结论：此处的视频引起同学们极大的反响，引来一阵阵欢声笑语，比预想中效果好很多。

接着进行热身小游戏，此次的游戏准备有所不足，小游戏的玩法有点沉闷，整个游戏过程无法调动同学们的积极性，但是游戏的惩罚方式却让台下的同学们津津乐道，上台的同学都积极表现自己，使气氛活跃起来。反思：游戏一定要选用大动作的，不能光说不动身体，这样才好调动积极性，而且游戏过程中要伴有动感的背景音乐！然后播放PPT，先读一个自创的无厘头的测试题目，看到诙谐的测试结果，台下的同学捧腹大笑，接着读一个感恩的心理测试引出主题。为了避免冗长多字的PPT放映，此次邀请心理委员小倩讲一个感恩故事，她很认真投入地读故事，甜美的声音让台下的同学们听得如痴如醉。结论：此次邀请到场的心理委员很给力，很懂得调动气氛，特别讲故事时，同学们认真地听故事，感受故事内容所表达的意思。

视频环节，此处的视频选用非常适当，邹越老师的一段《让生命充满爱》的演讲视频，让台下一部分同学感动得流泪，可以让他们重新审视自己，明白感恩，学会尊敬、孝顺父母。结论：现场气氛比预想中好，很多同学都在认真观看，从他们的眼神中可以看得出他们有反省和感动。

分享环节中，副班长在台上打电话回家，和妈妈说了一声母亲节快乐，得到了同学们积极的响应，把整个班会的气氛推向高潮，很多同学都积极上台发言，讲述了自己今晚在活动中的心得体会，同时心理健康站的同学也进行了发言。结论：这个环节中的气氛是最活跃的，虽然延长了很多时间，但是取得了超出预想的效果。

最后的蜡烛传递环节，播放音乐《感恩的心》，气氛融洽而温馨，很多同学都很小心地呵护着手中的蜡烛，同时感受手心的温暖，感受每个人的愿望和祝福，让这份感动传递下去。结论：因为这个环节，重新引出了今晚的主题，因为这个环节，让同学们把心中的感动连同愿望一并表达出来，他们纷纷表示这是最具有特色的环节。

本次心理班会，男、女主持人配合默契，男主持人虽然有些台词讲得比较生硬，要对着主持稿读，但是女主持的即兴发挥却十分充分，能够对同学们循循善诱。在班会课的PPT中，用到了很多有趣的字体，这样不但增加了美观性，还能让同学们看后放松下来，因为这是一个既严肃又活泼的体验式班会（见图2.2）。各个环节的分配和交换衔接得很合理，能够恰当地引导同学们从现象看到本质，把今晚这个看似普遍的话题——感恩，用轻松愉快又感性的方式表达出来。在最后的传递蜡烛环节，一位同学还上台演唱了一首黄家驹的《真的爱你》，他唱出了今晚的主题，唱出了同学们的心声，把所有人最真挚的祝福传递给远在家乡的父母……

图 2.2　主持人开展心理主题班会

　　此次的活动总体很完美，就是时间控制不合理，还有热身游戏过于沉闷，但是看到同学们真心的笑容和最后热情高涨的气氛，以及课后同学们对本次心理班会的满意度反馈，我认为是非常成功的一次班会(见图 2.3)。

图 2.3　心理主题班会合影

　　心理主题班会进行过程中，现场评委的评分表(见表 2.4)及依据的评分细则如下。

表 2.4　心理主题班会评分表

班会主题：　　　　　　　　　　　　　　　　　　学院、专业、班级：

班会实施时间、地点：　　　　　　　　　　　　　心理委员姓名：

评分项目	策划书 （30分）	PPT （15分）	出勤率 （10分）	现场气氛 （10分）	主持人表现 （15分）	教育效果 （10分）	班会总结 （10分）	总分
得分情况								
总体评价： 　　　　　　　　　　　　　　　　　　　　　　　　　评委签名：								

心理主题班会评分细则

1. 策划书（满分 30 分）

策划书主题积极健康，目的明确，设计的活动方案内容丰富，紧扣主题，活动具体流程详细清晰。策划书格式标准，字体大小符合要求。

2. PPT（满分 15 分）

PPT 展示内容紧扣策划方案的主题，信息简洁清晰，文字简练，设计美观（字体的大小、颜色以及配图、背景图颜色选取合理）。

3. 出勤率（满分 10 分）

80％以上可获得满分；70％以上 8 分；60％以上 5 分；50％以下得分为零。

4. 现场气氛（满分 10 分）

过于冷场最多只能获得 5 分，气氛过于喧闹、秩序较乱最多只能获得 5 分。

5. 主持人表现（满分 15 分）

形象自然大方，控场能力够好，能够保持气氛稳定在合适范围内，环节安排有条有理，且主持准备充分。

6. 教育效果（满分 10 分）

达到预期目的，教育效果良好。

7. 班会总结（满分 10 分）

按要求写（要求：题头注明学院、专业年级、心理委员姓名，正文内容包括班会具体实施的时间、地点，是否按预期计划进行，是否达到预定教育效果，收获了哪些经验，存在哪些问题，如何改进），附有活动现场照片或视频。

项目 3

心路历程：心理征文活动的开展

项目概述

项目目的　让大学生以写作的方式呈现内心的活动，把心理健康的相关知识迁移到对学习和生活具体问题的思考中，去感知和领悟，达到知行合一以及知识与实践的统一。

项目组织　依照教师布置征文的主题、内容和要求，请学生结合自身的心理成长经历撰写文章，教师修改，学生完善后提交征文，心理中心进行作品收集、评奖、编辑、宣传和出版。

预期成果　让学生乐于动笔，乐于表达，激发学生的内在情感，发展抽象思维，关注自身的成长，学会倾听内心的声音，引导学生表达内心的真情实感，促进写作素养的形成与发展，使学生的写作作品成为心灵的歌唱。

内容设计

征集大学生在校心理成长的点滴故事，促使学生倾听内心的声音，表达真实的情感，将心理健康知识迁移到学习和生活中，以写作的方式呈现内心活动。心理中心遴选优秀作品编辑出版。

活动 1　了解写作；

活动 2　学生心理征文优秀作品欣赏；

活动 3　参与心理征文活动。

能力目标

CT1　责任担当；

CT2　保持心理健康；

ET2　解决问题；

FT2　调整发展。

评价方式

创作、观察、比赛。

素质得分

基础分、组织者附加分、获奖者按奖项等级加分。

活动 1　了解写作

一、写作及意义

写作是运用语言文字符号反映客观事物、表达思想感情、传递知识信息的创造性脑力劳动过程。

写作是一种简单易行同时又可以缓解焦虑的方法，因为写作本身就是一种行动。用文字回到自己，同时用文字记录发生在自己身上及周围的事情，是非常有意义的。哪怕不是最典型、最具新闻性的事件，但是对于每个人来说，仍然有着独一无二的价值。这个价值是无法被其他人的故事所取代的。写作是为了自我表达、疗愈身心，还可以提升创造力。写作让人实现自由的表达和联想，帮助人去疏解和释放内心的压力和情绪。写作可以让人在不同的事物之间找到关联，激发灵感。当一个人拥有这样的思维方式，创造力也会在无形中得到提升。写作可以让人将头脑中的想法以文字的形式固定下来，形成更清晰的画面，这是一个可视化的过程。

二、写作的方法

采用自由书写的方法，每一个人都可以自由地、毫无束缚地写出内心的真实情感，写得好与坏、正确与否并不重要。自由书写的目的在于表达，通过书写的方式去表达内心的想法，用文字和自己对话，最终达到心理疗愈的作用。

三、写作与心理健康的关系

写作能促进个体的身心健康。写作可以将关注点回到自身，了解自己的状态和需要，才有可能采取下一步的行动，这就是不加评判地看见自己，也是疗愈自己的第一步。当一个人遇到各种各样负面的情绪时，比如紧张、焦虑、抑郁、恐惧等，经常会有两种反应。一种反应是陷在里面，不断地在这个情绪里打转；另一种反应是想要压抑这种情绪或者让它们消失。

这两种反应对人的身心健康都是有害的。因为当一个人拒绝去看见现在的情绪时，其实要耗费大量的心理能量，才能防止这些情绪进入到意识层面中。比如说，就好像有人在敲门，但是你一直顶着这扇门，不让那个人进来，其实是很费力气的。而且也会让你无法去做其他的事情，无法投入当下的生活。长期这样，身心健康会受到影响。要想应对这些负面情绪，首先要做的就是看见它，写作就是帮助人们看见内心真实的想法，使其得到疗愈。当一个人习惯每天花几分钟的时间写作，就相当找到了一个陪伴者和聆听者，也可以为自己获得心理成长的力量。

四、写作与心路历程征文活动

"心路历程"——心理征文活动的开展，以写作为桥梁，旨在记录大学生在校成长的点滴故事，以写作的方式呈现内心的活动，把心理健康的相关知识迁移到对学习和生活的具体问题的思考中来，去感知和领悟，达到知行合一以及知识与实践的统一。

活动 2　学生心理征文优秀作品欣赏

作品 1：心怀感恩 乐观面对

作者：黄彩丹（财经学院）

生活当中，自己所做的事情不一定都是别人认可的，也许这在当时会成为心中的结。但是，在经历过后，仔细想想，岁月的洗礼才能让自己逐渐走上成熟。这个时候，要感谢那些曾经让自己成长的人，是他们让我们走向成熟睿智。学会感恩，收获别样的人生。

在生活中不如意事十有八九，如遭受挫折、被人误解、受到批评等等。当时是满腹的委屈。曾几何时那段阴霾还藏在心底，纠结成一小段暂时无法逾越的障碍。人只有在经历了无数次岁月的洗礼后才会逐渐走向成熟睿智。那时的你蓦然回首，曾经的阴霾只不过是人生长河中的一朵浪花，如梭岁月里的一缕馨香。

生活需要感恩，需要我们乐观面对，我们要学会坚强面对生活给我们的历练，只有这样我们才能破茧成蝶，展翅高飞。

【感恩绊倒你的人，因为他们强化了你的意志】

身处竞争的社会个别人为了达到自己的目的，会故意设置各种各样的障碍，当我们面对这些意想之外的障碍时，请不要轻言放弃，要乐观勇敢地面对。请相信，只要我们坚持，总能迎来属于我们的阳光。压力就是最好的动力，这种越挫越勇的精神无形中便强化了我们的意志力。所以，请感恩绊倒你的人，是他们使我们更加坚定了意念。

【感恩斥责你的人，因为他们让你学会了思考】

人与人之间的相处过程中，有欣赏就有斥责。当别人斥责你的时候，请不要恼羞成怒。要学会自我反思，试着换位思考。为什么我们会这样，为什么我们没有想到人家所想的。这样在以后的人际交往中，你就会以此为戒，有则改之无则加勉。所以请感恩斥责你的人，是他们让你学会了思考。

【感恩遗弃你的人，因为他们教会了你要独立】

一个人在成长和成熟的过程中，难免要经历自我独立。因为没有人能真正地陪在你身边一辈子，正所谓，花无百日在深山，人无百年在世间。当我们亲爱的闺蜜、爱人、亲人由于种种原因无法陪伴在我们身边时，我们不能心生埋怨和悔恨，要懂得感恩，感恩他们一生不求回报、无限付出，感恩他们及早放手。有一种爱叫放手，因为他们的放手我们才学会了独立。

【感恩欺骗你的人，因为他们增长了你的阅历】

在生活中，我们都明白，并不是所遇到的人都是真诚的，当你发现你被欺骗的时候，请不要仇视对方，也不能自责。所谓吃一堑长一智，害人之心不可有，防人之心不可无。所以，请感恩欺骗你的人，因为有了他们的欺骗，才让你无形中增长了社会阅历。

【感恩伤害你的人，因为他们磨砺了你的心志】

在我们成长和成熟的过程中，难免会受到不同程度的伤害。因为人生不可能一帆风顺，当你的真诚换不回来等同的回报，不要伤心，请坚信，每一次伤害都是对你人生的洗礼，每一次伤害都是一种崭新生活的开始。舔舐伤口，把痛楚化作前进的动力，相信终有一天你会化茧成蝶。所以，请感恩伤害你的人，是他们磨砺了你的心志。

感恩在困境中帮助过你的人，是他们让你坚定了信念；感恩在顺境中忠言提醒你的人，是他们帮你校正了航向；感恩污蔑你的人，是他们让你知道正人先正己。

小草心存对阳光雨露的感恩，一岁一枯荣之后又萌发新绿；雄鹰心存对蓝天白云的感恩，在清寒玉宇中展翅高飞；溪水心存对巍峨高山的感恩，在山涧低吟下泻；泥土心存对广袤大地的感恩，在田野里散发沁人的芬芳。我们生活在感恩的世界里，感恩生命的伟大，感恩生活的美好，感恩父母的言传身教，感恩老师的谆谆教诲，感恩大自然赋予生命的一切恩泽。

乐观的人懂得选择与放弃，拥有一个美丽的人生，拥有一个快乐的生活，是每个人都渴望得到的，那就必须少点生气、多点微笑。可是，当你为生活琐事斤斤计较的时候，当你为一件已经过去的事情耿耿于怀的时候，当你让仇恨的种子埋在心底的时候，你又怎么会快乐呢？面对人生的烦恼与挫折，人生最重要的是摆正自己的心态，积极地面对一切。一味地抱怨与生气，最终受伤害的只有你自己。

学会感恩，学会理解爱、给予爱，学会用宽阔的胸襟包容生活。我们不能摒弃这样一种包含真善美的情怀，就像我们无法抛弃生活一样。正因为我们学会了感恩，才会发现生活中有很多感人之处；正因为生活要求我们用感恩的心态去面对，我们才知道生活的意义。

感恩有你，感恩有我，愿大家在以后的人生道路中时刻感恩，勇敢面对生活！

作品 2：愿不负流年韶华

作者：余怡琼（外语学院）

　　再回头的，不只是曾轻拂过你脸颊的春风，不只是无数个夜里你曾眺望的星空，还有一分一秒的时光流逝。

　　带着无限的憧憬和幻想进入大学，你会认识这么一群人，他们为脱发而焦虑不安，却又每晚熬夜；他们穿破洞裤贴暖宝宝；他们插科打诨、疯疯癫癫却又幽默善良；在学生时代，他们促膝谈心，度过漫漫长夜。

　　对你来说，他们也许已然熟悉也许还是生疏客气，他们是会陪伴你三年的舍友，临近毕业，你们还会携手面对现实的压力，而这份情谊，还可能会延续好久好久……

　　但在一开始，大家是惴惴不安的，面对来自五湖四海的另外七个人，性格和生活习惯截然不同，却要学会彼此理解、互相包容。

　　但是我们也不必担心，随着时间的推移，他们代替了家人的存在，当你失意时，沉思的时候，给了你新的思考，坚定的力量，温馨的暖流，你们一起打球，一起过生日，一起出游。

　　在某个漆黑的夜晚，广州整个城市雷雨轰鸣，你躺在宿舍那张温暖的小床，听着风声和雨声，你们在一室小屋里栖息沉睡，你感到安宁，感到静好。

　　来到广州上大学，家离得近的，尚且可以每周、每月回家一趟；距离远的，就只能学期末回去。但对于恋家的人来说，来到另一个城市，距离都会把时间拉得好长好长。

　　等到不得不离开的那一刹那，才发现自己对这片生长了十几年的土地是多么留恋，是懵懂青春记忆的留驻地。

　　她说，每一次启程去学校的时候，妈妈都会塞一个红包给她。泪目，因为她知道，这代表母亲希望自己的子女在途中平平安安，多么简单难得的寄望。

　　而旅途还在继续，大学可能没有想象中那么自由，但你的校内学习和校外生活完全是自己规划，面对空课表，我们可能会加入社团去发光发热或者是寻找兼职积累社会经验。仔细想想，每一次新的体验都能遇到不同的人，给你或多或少的温暖，你的同学，你的师兄师姐，或者是兼职相识的同事或老板，虽然有些人免不了成为过客，但也足矣。有时会遗憾未能走到最后，但在这过程里收获的感动和欣喜也是不能否认的。

　　遇见你，就已经是最幸运的事了。

　　"活着就好，偶尔有一些小惊喜。"每一次疲惫心累的时候都这样感慨。但是话不是简单说说而已；我们也想要期待，想要为喜欢的事物再努力拼搏一点点，哪怕最后终究落空。但不要失去希望，没有希望的天是灰色的，不快乐。

　　我们要热爱自己的大学生活，无论是遭遇坎坷还是春风得意，用平常心对待，每一个星星都有自己的轨迹，在大学里找到一个适合自己的位置，心安理得，快乐自在。

　　愿我们青春喧嚣，不辜负韶华。

活动 3　参与心理征文活动

一、征文主题

围绕"助人、自助、成长、责任、感恩、生命"等主题展开，讲述个人心灵成长历程中的感悟、体会。

二、参赛对象

全体在校学生。

三、作品要求

文章要求紧扣主题，内容真实，感情真挚，主要体现在大学生活中如何成长自己、帮助他人的故事，包括自我成长、助人经历、情绪与情感、学习经验、求职择业、沟通与交往、感悟生命、感恩自己与他人等内容，文章中涉及隐私的内容可用匿名代替。文章体裁不限，标题自拟，有独创的观点或理念，不得抄袭借鉴模仿，文字表达流畅，篇幅限于 3000 字以内。大学生心理健康教育中心对作品拥有使用权，可遴选优秀作品编辑、出版和宣传。

四、报送要求

所有作品以电子版形式报送到指定邮箱。作品文件均以"心理征文＋学院＋姓名＋文章标题"的形式命名，且务必在标题下方注明：专业、班级＋作者真实姓名＋联系方式。

五、奖项设置

符合征文要求的投稿作者均可获得基础素质分。参赛作品由大学生心理健康教育中心组织评审，设置一等奖、二等奖、三等奖、优秀奖若干。对获奖者按照奖项等级进行素质分加分。

项目 4

以画绘心 共护心园：心理漫画的赏析与创作

项目概述

项目目的 以欣赏和创作为核心，引导学生了解心理漫画，发现心理漫画之美，学习创作心理漫画作品，培养学生健康、和谐、幸福的心态，提高学生人际沟通、解决问题、保持心理健康的能力。

项目组织 学生创作心理漫画、参加心理漫画比赛、参与心理漫画展等活动。

预期成果 体验心理漫画中反映的各种人际关系和生活百态，体现对幸福人生的追求。

内容设计

通过对心理漫画的赏析与学习，学生可以了解、欣赏、自主创作漫画作品。

活动 1 了解原创心理漫画；

活动 2 学生心理漫画获奖作品赏析；

活动 3 参与大学生原创心理漫画比赛。

能力目标

AT1 有效沟通；

CT2 保持心理健康；

ET2 解决问题；

FT2 调整发展。

评价方式

创作、作品检测、比赛。

素质得分

基础分、组织者附加分、获奖者按奖项等级加分。

活动 1　了解原创心理漫画

　　心理漫画是绘画者运用比喻、夸张、写实、象征、投射等手法，通过漫画形式将生活中的心理活动、体验及内心感悟表达出来的一种艺术形式。

　　绘画是绘画者内心的镜像，是他们内在的心理逻辑与心理能量。这是一个投射的过程，根据画面的元素、构图、线条、用色等细节，结合其他信息，形成对绘画者人格特征或心理状态的判断；这也是一个创造的过程，而这创造中包含着能带给绘画者以转机、修复与治愈的必要因素。

　　校园心理漫画是以校园生活为背景，以心理问题和心理现象为主题，通过虚构、夸张、变形、比喻、象征、假借、暗示、影射等不同手法，反映大学生对人生、社会、爱情、职业、人际关系等的观察与思考。

　　大学生原创心理漫画的创作，不只是描绘生活，更是与心灵对话、展现心路历程、诠释心理世界，可以激发学生积极关注生活中的心理现象，培养学生良好的心态。

　　可以关注微信公众号"原生艺术画廊"欣赏心理漫画作品。

活动 2　学生心理漫画获奖作品赏析

　　广东农工商职业技术学院大学生心理健康教育中心于 2015 年 6 月组织了首届大学生原创心理漫画大赛，得到全校各学院同学的积极响应和热情参与，共收到心理漫画作品 95 幅。本着公平、公正、公开的原则，心理中心组织各学院负责心理健康教育工作的老师和动漫专业老师组成评委会，对所有参赛作品进行评比，评选出一等奖 5 名、二等奖 12 名、三等奖 9 名，优秀奖 14 名。心理中心报送了荣获校内一、二、三等奖的 26 幅心理漫画作品参加广东省第三届高校大学生原创心理漫画大赛，分别获得了一等奖 1 项、二等奖 1 项、三等奖 3 项的好成绩。自此之后，心理中心每年组织开展大学生原创心理漫画大赛，并且推荐优秀作品参加广东省高校大学生原创心理漫画大赛，屡获佳绩。获奖信息汇总表见表 4.1。

表 4.1　广东省高校大学生原创心理漫画大赛学生获奖信息汇总表

姓名	学院	作品名称	省赛奖项	年份
杨润嘉	计算机学院	《异想青春》	一等奖	2015 年
高楠楠	艺术与设计学院	《现实－幻想＝行动》	二等奖	2015 年
林晓旋	计算机学院	《从何下手》	三等奖	2015 年
冯洪坚	艺术与设计学院	《追逐梦想》	三等奖	2015 年
吴莉平	艺术与设计学院	《种太阳》	三等奖	2015 年
邓颖	计算机学院	《我们?》	一等奖	2016 年
郑锦波	智能工程学院	《见风使舵——多面性》	一等奖	2017 年
张秀女	艺术与设计学院	《人生的千姿百态》	一等奖	2018 年
洪伟健	艺术与设计学院	《心想所创》	二等奖	2019 年
许燕珊	计算机学院	《未来掌握在自己手里》	三等奖	2019 年
林祎莹	智能工程学院	《逆晓之光》	一等奖	2021 年
邱佳莹	艺术与设计学院	《舞者》	三等奖	2021 年
陈佳琳	热带农林学院	《创建喜庆和谐家园》	三等奖	2021 年
邱缨婷	艺术与设计学院	《勇往心中的梦想》	三等奖	2021 年
程海华	艺术与设计学院	《自强与自卑》	三等奖	2021 年
陈銮清	计算机学院	《真我》	一等奖	2022 年

图 4.1 至图 4.16 是高校获奖作品展示。

图 4.1　2015 年杨润嘉《异想青春》(一等奖)

图 4.2　2015 年高楠楠《现实－幻想＝行动》(二等奖)

图 4.3　2015 年林晓旋《从何下手》(三等奖)　　　图 4.4　2015 年冯洪坚《追逐梦想》(三等奖)

图 4.5　2015 年吴莉平《种太阳》(三等奖)

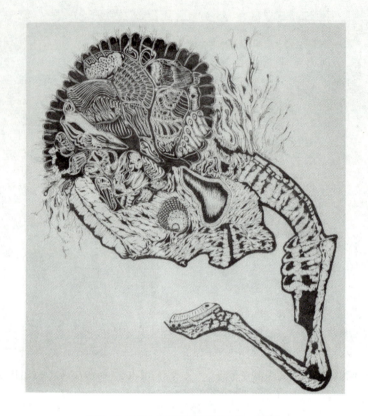

图 4.6 2016 年邓颖《我们？》(一等奖)

图 4.7 2017 年郑锦波《见风使舵——多面性》(一等奖)

图 4.8　2018 年张秀女《人生的千姿百态》(一等奖)

图 4.9　2019 年洪伟健《心想所创》(二等奖)

图 4.10　2019 年许燕珊《未来掌握在自己手里》(三等奖)

图 4.11　2021 年林祎莹《逆晓之光》(一等奖)

图 4.12 2021 年邱佳莹《舞者》（三等奖）

图 4.13 2021 年邱缨婷《勇往心中的梦想》（三等奖）

图 4.14　2021 年陈佳琳《创建喜庆和谐家园》
（三等奖）

图 4.15　2021 年程海华《自强与自卑》
（三等奖）

图 4.16　2022 年陈銮清《真我》（一等奖）

值得一提的是，智能工程学院郑锦波同学的心理漫画作品《见风使舵——双面性》(见图 4.7)在 2017 年度高校心理健康教育系列活动中，获得了《"多彩人生"大学生心理漫画征集活动》一等奖以及第五届广东省高校大学生原创心理漫画大赛人气奖。2017 年 10 月 10 日，郑锦波同学受邀参加了广东省第五届原生艺术展和心理漫画联展(见图 4.17)，并作为全省唯一的高校学生代表在大会作主题发言(见图 4.18)。

图 4.17 郑锦波同学和他的作品

图 4.18 郑锦波同学发言中

以下是郑锦波同学在广东省第五届原生艺术展和心理漫画联展上的发言稿。

"尊敬的老师，亲爱的同学们，大家好！我叫郑锦波，来自广东农工商职业技术学院。很荣幸我的心理漫画作品《见风使舵——多面性》能参加广东省第五届原创艺术展和心理漫画展联展。我是一名普通的学生，画画是我平时的爱好，对心理健康方面也比较关注，所以当学校组织心理漫画大赛时，我毅然参加了比赛，当时也没有想结果怎么样，只是以一种尽量去做、重在参与的心态完成了自己的创作，我没有名校背景，也不是科班出身，然而我的作品却通过了层层的挑选、得到了大家的认可，说实在的这有点出乎我的意料，这也让我感受到了心理漫画比赛的公平和公正！此刻，我作为作品展学生代表在此发言，心中充满了激动和感恩。

我的作品描绘的是人的多面性。大家知道，人的表情是一张体现人性的晴雨表，前一秒可能是阳光明媚，一眨眼以后就可能阴雨绵绵，前一秒是欢声笑语，一回头可以面目全非。这种人物的表情变化通常可以通过演员在角色的表情变化中体现出来，这种角色通常是属于反面派的。而我的漫画中，画的是一个挺有绅士风度的人，其特点是他的脸部可以360°旋转，每一面都能经过旋转后在正面显示。而他的头上卧着一只变色龙，很安详但眼神却在环顾周围的风吹草动。一有什么情况就可以控制人旋转脸部，有一种"见风使舵"的感觉。可以说我的作品一方面是讽刺那些见风使舵具有多面性的人，他们像变色龙一样翻脸书，活得太累，也不容易相信他人，而人与人之间的交往不是应该多一些真诚，彼此相互信任吗？因为只有这样才可以建立和谐友爱的人际关系！更重要的角度是，在体现人多面性的这些表情中，我把笑脸放在最上面，把其他面放在底下，也想说的是，即使人的心理具有复杂性和多面性，但是如果人人都调节好负的那一面，把自己最好的一面展示出来，开心微笑，做好事，说好话，把自己的积极友爱传递给他人，营造出更具正能量的氛围，这样我们也才能活得更加幸福，我们的社会也将更加和谐！从这个角度来说也体现了我们心理漫画大赛"幸福、和谐、健康"的主题。

这就是我对自己心理漫画作品的介绍。再次感谢老师给我这次发言的机会，感谢在背后默默支持我的老师和同学们，谢谢大家！"

活动3 参与大学生原创心理漫画比赛

自2017年起，广东省教育厅将大学生原创心理漫画比赛作为高校学生心理健康教育系列活动之一，向各高校开展大学生原创心理漫画征集活动。

为了鼓励广大学生积极参加此项赛事，高校每年都会先在校内开展选拔赛。广东农工商职业技术学院校内选拔赛分为专业组以及普通组。其中计算机学院动漫专业、艺术与设计学院为专业组，管理学院、财经学院、计算机学院、智能工程学院、热带农林学院、商学院、外语学院、国际交流学院为普通组。以各学院为参赛单位上报参赛作品以及参赛作品信息表。组织专业老师进行现场评选，评选出优秀作品并推荐参加省级比赛。

每一年的比赛规则都有细微的变化，但是对于作品的要求是基本不变的。2020年6月8日，广东省高校心理健康教育与咨询专业委员会发布了《关于手绘心理漫画比赛的参考标准》，内容如下。

一、作品主题

（一）主题符合比赛要求、不要偏离比赛主题，必须是原创。

（二）主题思想积极向上，作品反映作者有较高、较宽的眼界和深入的思考。

（三）主题突出，人物或反映的事件形象鲜明，在画面中突出。

二、美学表现力

即指作品是否好看，吸引眼球。

（一）作者运用线条、色彩、构图等绘画语言表现主题的能力与效果。

（二）作品是否具有漫画的夸张、象征、比喻等特点。

（三）作品具有自己一定的艺术风格（例如类似印象派、表现主义、抽象主义、立体主义风格等）。

三、心理学意义

即指作品有思想内涵。

（一）作品创作懂得运用某种心理学理论，例如积极心理学理论等。

（二）作品实际表现出来的心理学意义或效果如何，例如是否给观赏者带来愉悦、振奋、激励、启发、思考、教育、减压等心理健康教育的积极效应。

概而言之，优秀作品的标准就是：作品好看，又有意思。

四、作品比赛讲解和答辩要求

（一）简介作品想表现的主题思想是什么。

（二）作品的内容（介绍作品中表现的人物、场景、事件、构图、色彩与线条，以及作品的风格等）。

五、常见的问题

（一）作品内容太写实，没有艺术性。

（二）主题和题材平庸，缺乏新意；或表现的情绪消极悲观、恐怖、抑郁。

（三）绘画艺术表现力差，作品不好看。

（四）有抄袭或剽窃嫌疑，不是真正的原创。

（五）色彩混乱、构图不合理、线条断裂。

六、参赛和作品送审要求

（一）原创申明。

（二）作品扫描电子版（高清）。

（三）作品信息表。

（四）学校审核意见。

七、手绘心理漫画比赛作品评分表

手绘心理漫画比赛作品评分表见 4.2。

表 4.2　手绘心理漫画作品评分表

	一般 60～70	良 71～85	优 86～100	总分 60～100
作品的主题				
美学表现力				
心理学意义				
评委签名			总分	

项目 5

声动心弦 语润心田：心理主题演讲

项目概述

项目目的　以欣赏和创作为核心，引导学生关注自身心理健康，学习创作心理主题演讲作品，培养学生健康、自信的心态，提高学生自主学习、创新创作、解决问题的能力。

项目组织　学生设计心理主题演讲内容、参加心理演讲比赛、现场展示演讲等。

预期成果　学生能够体验到自信心的增强、心理素养的提升。

内容设计

通过开展高校大学生原创心理主题演讲比赛，普及大学生心理健康知识，提高心理健康关注度，促进大学生对心理调适方法的思考和学习，优化心理品质，开发心理发展潜能，提升应对心理压力和挫折的韧性，增强大学生的自信心。

活动 1　了解和学习演讲；

活动 2　创作和展示心理演讲作品；

活动 3　欣赏心理演讲获奖作品；

活动 4　参与大学生心理演讲比赛。

能力目标

CT2　保持心理健康；

ET2　解决问题；

FT2　调整发展。

评价方式

观察、创作、比赛。

素质得分

基础分、组织者附加分、获奖者按奖项等级加分。

活动 1　了解和学习演讲

一、演讲是什么

演讲是一种语言交际活动，又叫作讲演或演说，它是指在公开场合，以有声语言为载体，通过无声语言的辅助，来传达思想、阐明观点、讲明道理的一种语言交际活动。在演讲的过程中，最重要的是要让观众产生共鸣，所以一定不能采用"自我化"方式去讲述，也就是网络上说的"自嗨"，它更多的是要和观众产生互动，站在观众或听众的角度去思考、去切入，这才是最重要的。

二、演讲的技巧

为了让别人听得进、听得懂并且愿意去听，很多演讲者都会采取自嘲甚至是腹黑式的演讲，通过贬低自己、自揭伤疤而拉近与观众、听众之间的距离，这需要把握好尺度，重要的是通过你的经验与教训，让听众感悟到自己应该怎样去做。演讲非常忌讳讲假大空的道理，空谈道理是没有效果的。

三、演讲的内容

演讲是以内容为王，但内容是以故事为依托，用故事来传情说理，所以通过演讲者自身对故事的一种营造和渲染，将观众带入故事之中，使之能够产生身临其境的共鸣，这是演讲很重要的一点。有时候很多演讲虽然立意很高，但是整个演讲却较为平淡，很难直击心灵，就是因为演讲者没有注重演讲的灵魂内核。这个灵魂的内核就是生动的故事。

既然要让故事生动，那么在叙述方式上就不能只是平平淡淡。比如说要描述自己很高兴，可以具体说高兴到什么程度，嘴角上扬，眼睛眯成一条缝……要有细节的渲染，要让观众能够有一种画面感，在那样的氛围中被感动，这样观众才能够感同身受，从而达到共鸣的效果。所有的故事都要以心理为核心，所以心理主题演讲要展现的是积极阳光的心理面貌，可以讲述个人成长中的蜕变等，让整个故事的逻辑架构更完整。

当你了解了演讲的初衷，即你如何能够打动观众，让对方愿意去听，那么从这个角度入手，就知道该怎样去准备材料和故事，怎样把故事讲得更生动，通过对故事的营造渲染、带动现场气氛和观众情绪。

四、演讲的表达

演讲最重要的就是表达。语言表达是非常重要的，很多人的演讲都会出现卡壳、忘词的情况，其实是因为在背诵稿子，而没有完全把自己融入其中。如果演讲者在用真情实感去讲自己想讲的话、说自己想说的故事，就不会卡壳，也就能够打动别人。

（感谢上述内容提供者吴琪老师。吴琪，博士，华南农业大学人文与法学学院副教授，全国青少年演讲考级测评师，广东演讲学会常务理事，广东高校大学生联合会指导老师，华南农业大学"演讲与口才"课程主讲教师，指导学生参加演讲比赛多次获国家、省级一等奖，多次被评为"优秀指导教师"。出版有《情商训练教程》等著作。）

活动 2　创作和展示心理主题演讲作品

在学校心理健康教育活动中，演讲是一种提升学生心理素质的重要方式。演讲者通过相关心理主题的选择，创作演讲作品，激发听众对心理问题的关注，有助于促进大学生对一般心理困扰的分析和解决，从中收获相应的知识与精神鼓舞。

一、心理演讲作品内容的选择

心理演讲作品内容要突出社会主义核心价值观和中华优秀传统文化对大学生心理健康教育的积极意义。要求主题鲜明、思想健康、语言优美、构思精巧，有较强的感染力。

（一）挖掘你的演讲内容

你就是演讲的内容。因为只有你的人生经历、性格、知识、爱好才是世界上独一无二的，才值得你不断挖掘出能分享的内容。不要觉得自己是平庸的，那可能是"只缘身在此山中"。你的父母给了你天赋，并塑造了你独特的性格和优势。你的兴趣无时无刻不在心中蓄积力量，等待时机展现出灿烂的一刻。你所有的知识积累和经验，都在增长你的智慧、思想和技能。整理和分享出这些部分，它们已经是非常好的演讲内容了。

以下四类问题会给你一些提示，作为挖掘自己的思想、能力、优势和眼界的参考。

（1）思想：面对那些别人觉得棘手，你却能轻松应对的事情，你是如何思考的？对于工作、生活中的困扰，你有何独到的见解和出人意料的解释？

（2）能力：做你最擅长的事情时，你认为关键是什么？你的步骤有哪些？人们容易犯的错误有哪些？你是如何避免的？还有别的秘诀吗？

（3）优势：你在学习、生活、工作中有哪些得心应手的事情？曾经取得哪些辉煌的成绩或成就？你经常被别人夸赞的是什么？你小时候经常被家人和老师赞赏的又是什么？

（4）眼界：你有没有独特的经历？那些别人从来没有过的，或没有想到过的体验？大到和某位偶像或榜样相处与交谈的经历，小到观察了一个小时的蚂蚁搬家，都有其意义。

（二）学习心理学或心理健康理论知识

你要找到相关的心理科学理论体系来支撑自己的观点。打好理论基础有多种方式，可以学习自我意识、情绪情感、人际关系、压力与挫折应对、精神卫生等相关的专业心理知识；参加相关的培训、活动或收听专家讲座；选择专业书籍自我学习；与专业人士交流等，只要是适合自己的方法就好。

（三）积累和创作

经过一段时间的刻苦钻研，你对心理学专业领域的知识框架有了基本的认识，具备了专业的思维方式，就可以创作心理演讲作品了。可以引用别人的理论和观点，再融合创作为不同的、新的或更细的观点。同时，在平时要做好积累，把学习的知识、方法、案例等素材积累起来，这些都将成为演讲的宝贵资料。

二、演讲中语言和非语言的表达技巧

演讲是使用语言和非语言的方式进行表达的工作，特别是在演讲现场，掌握一些语言和非语言的表达技巧，会让你的演讲引人入胜、更加精彩。

（一）语言表达技巧

（1）在演讲的一开始多让听众说"是、好的、同意"。在演讲的一开始问一些简单、不用思考，并且能正面回答的问题，容易让听众放下戒心和防备，进而认同你。如，"大家平时学习很紧张，那么我们今天就多说一些轻松的话题，好吗？"

（2）通过暗示来引导听众的支持。具体的方法就是设计一系列指令，从最合理、最简单的行为开始一步步引导听众达到你要的目标。如，"请你伸出手，轻轻地拍一下身边同学的肩膀，表示问候。"听众在行动的同时，也在潜意识里对你的指令更加地服从和认同。

总之，让听众能被你的语言所吸引，怎么说比说什么更重要。

（二）非语言表达技巧

（1）声音。先天的条件不是决定性的因素，好听的声音可以通过训练去获得，比如去模仿你喜爱的演说者的声音，多听、多说、多模仿，不断地训练，发出的音质就有立体感和穿透力。同时，声音还需要语气和恰到好处的语速来配合。

（2）表情。演讲者的面部是听众关注最多的地方。微笑是最重要的表情，能让听众觉得你友好、放松和自信，并会引发他们积极的情绪体验。当你需要传递一个重要观点、讲一个情节曲折的故事或者表达强烈情绪的时候，你的表情是有力的催化剂，可以让听众感同身受。

（3）目光。因为紧张，很多演讲新手都不敢和听众进行目光的接触，这样不对。眼睛作为心灵的窗口，目光接触是和听众沟通与交流非常重要的途径，可以使用扫视（即快速环顾全场听众）和注视（即和某位听众的眼睛进行较长时间的接触）交替进行的方式。

（4）肢体语言。我们在与人交流沟通时，即使不说话，可以凭借对方的身体语言来探索他内心的秘密，对方也同样可以通过身体语言了解到我们的真实想法。人们可以在语言上伪装自己，但身体语言却经常会"出卖"他们，因此，解译人们的体语密码，可以更准确地认识自己和他人。

① 手：把手自然地垂放在身边；或者让上臂保持自然放松，肘部靠近腰，前臂抬起放在胸腹部附近。配合你的演讲内容，用手臂活动来加强语气。手上拿样东西可以缓解你的紧张情绪，例如话筒、翻页笔。

② 脚：两脚自然摆放（一般与肩膀同宽），把身体的重心平均分布在双腿上，保持髋部和身体的正直。恰当地移动，速度不要太快，不要频繁前后左右移动，也不要频繁走动或晃动身体。

③ 形象与服饰：每个人都可以通过形象设计和管理，来塑造更美的外表。对于发型和妆容，相对保险的做法是采用传统的发型与妆容，可以在局部细节上尝试变化和凸显特色。一套正式的职业装是很安全的。当然，也可以根据场合，选择小礼服。尽量避免偏深色的衣服，浅色或是亮色衣服更适合舞台，并且让你显得年轻而有活力。

活动 3　欣赏心理主题演讲获奖作品

财经学院赖晓欢同学的心理演讲作品《拥抱明天乐观成长》荣获第二届大学生心理主题演讲比赛一等奖以及 2018 年广东省大学生原创心理演讲比赛二等奖。赖晓欢同学的演讲从自己的姓名开场引出主题，并跟观众互动关于情绪的知识，讲述由于情绪失控引发的严重心理问题案例，并提出了自己的观点，结合中国传统儒学的经典论述，引导观众明白作为大学生要管理情绪、乐于交往、做高情商的人。整个演讲内容紧扣主题、深入浅出、流畅完整，具有心理教育意义（见图 5.1）。

热带农林学院张恩慧同学的心理演讲作品《为了梦想，不服输！》荣获第三届大学生心理主题演讲比赛一等奖以及广东省 2019 年度高校学生心理主题

图 5.1　赖晓欢同学在心理演讲比赛中

讲比赛二等奖。作品根据自己的亲身经历阐述了工作后重回大学的女生，为了自己的幼教梦想而努力奋斗不服输的故事（见图 5.2）。

图 5.2　张恩慧同学在心理演讲比赛中

　　财经学院黄菲宇同学的心理演讲作品《青春不殆，理想不灭》荣获第三届大学生心理主题演讲比赛二等奖以及广东省 2019 年度高校学生心理主题演讲比赛三等奖。演讲作品表达了要勇敢克服心理障碍，接受那个曾经失败的自己，不断锤炼，成就自我，实现人生理想的主题思想(见图 5.3)。

图 5.3　黄菲宇同学在心理演讲比赛中

　　管理学院郑文珊同学的心理演讲作品《励我心志 伴我前行》荣获第四届大学生心理演讲比赛一等奖。该作品主要阐述的是主人公在忙碌的大学生活中不断努力学习、训练、工作，但却感觉找不到方向，后来通过一件小事的历练，重新找回自我，找到明确的目标，表达了青春年少恰逢盛世，努力奋进追求目标正是时候的主题思想(见图 5.4)。

　　财经学院姚丽英同学的心理演讲作品《以合群且独行的方式遇见更美的自己》荣获第四届大学生心理演讲比赛二等奖。作品讲述了个人在成长道路上如何做到合群且独行，以便更好地迈向未来(见图 5.5)。

图 5.4　郑文珊同学在心理演讲比赛中

图 5.5　姚丽英同学在心理演讲比赛中

财经学院刁程凤同学的心理演讲作品《多关注身边爱笑的人》荣获第四届大学生心理演讲比赛二等奖。该作品通过分享自己曾经遇到的一些心理问题，揭示当代大学生会遇到的一种名叫"微笑抑郁症"的心理疾病。或许在很多爱笑的人的背后更多是敏感、害怕、孤独。只看到他们表面活泼阳光，却经常忽视他们内心的真实感受，缺少对他们的关心和尊重。希望更多有这种心理情况的人应该要试着表达真实的自己，也更希望我们身边的每一个人能够多关注身边那些爱笑的人（见图 5.6）。

图 5.6　刁程凤同学在心理演讲比赛中

　　外语学院王薇同学的心理演讲作品《坚定步伐跟党走》荣获广东省 2021 年"党旗下成长的我们"高校大学生心理健康主题演讲比赛一等奖；商学院李智婷同学的心理演讲作品《感悟初心，展望未来》、热带农林学院陈莹同学的心理演讲作品《百年辉煌，吾辈当自强》均荣获广东省 2021 年"党旗下成长的我们"高校大学生心理健康主题演讲比赛三等奖（见图 5.7）。

图 5.7　王薇、李智婷、陈莹同学在心理演讲比赛中

　　2022 年，在广东省高校"传递最强音，凝聚心能量"心理健康主题演讲比赛中，外语学院周善敏同学的心理演讲作品《向"疫"而生》荣获一等奖；财经学院陈妙杏同学的心理演讲作品《让青春在疫情中闪耀》、热带农林学院张夕同学的心理演讲作品《绽放战疫青春 勇担时代责任》、梁力文同学的心理演讲作品《青年勇担当，笃行展作为》荣获二等奖；商学院曾丽娜同学的心理演讲作品《青春之花一线绽放》荣获三等奖（见图 5.8、图 5.9）。

图 5.8　周善敏、陈妙杏同学在心理演讲比赛中

图 5.9　张夕、梁力文、曾丽娜同学在心理演讲比赛中

活动 4　参与大学生心理主题演讲比赛

　　首届心理主题演讲比赛于 2016 年 5 月 25 日在增城校区举办，之后每一年都举办心理主题演讲比赛，并推选优秀作品参加省级比赛。心理健康主题演讲比赛体现了当代学子丰富的内心世界和生活态度，唤起同学们对心理健康的重视和兴趣，提高了同学们的书面和口头表达能力。各参赛选手不仅展现了良好的精神风貌、较高的演讲水平，更重要的是体现了积极向上、勇于争先的进取精神。

　　一、参赛对象

　　全体在校大学生。

　　二、活动形式

　　（1）每年根据广东省大学生原创心理主题演讲大赛选定的主题设置心理主题演讲比赛主题。

　　（2）分两阶段开展：第一阶段为初赛，由各学院组织完成；第二阶段为决赛，由比赛承办学院组织完成。各参赛选手先报名参加学院初赛，再由各学院选拔优秀演讲者参加决赛。决赛成绩优异者代表学校参加本年度广东省大学生原创心理主题演讲大赛。

　　三、心理主题演讲比赛评分表

　　心理主题演讲比赛评分表见表 5.1。

表 5.1　心理主题演讲比赛评分表

评分项	分值	要　　求	得分
演讲内容	30	紧扣演讲主题，内容丰富，积极健康，能体现大学生心理问题。材料真实、典型、新颖，实例生动，反映客观现实，体现时代精神。讲稿结构严谨、构思巧妙、层次分明、引人入胜。文字简练流畅，具有较强的思想性	
语言表达	25	熟悉演讲内容，脱稿演讲，语速适中、吐字清晰；表达流畅自然，普通话标准，语气、语调、节奏张弛，符合思想感情的起伏变化	
演讲技巧	25	演讲富有感染力和吸引力，面部表情、手势、姿势、目光交流与身体语言运用恰当，营造良好的演讲效果	
仪表形象	10	演讲者衣着得体，仪表大方，举止自然，体现朝气蓬勃的精神风貌	
时间把握	10	时间把握准确到位，控制在 5 分钟以内	
评委签名		总分	

项目 6

炫彩青春 公益立心：心理健康公益广告

项目概述

项目目的　以欣赏和创作为核心，引导学生了解心理健康公益广告，学习创作心理健康公益广告作品，培养学生健康、和谐、幸福的心态，提高学生解决问题、保持心理健康的能力。

项目组织　由学生创作心理健康公益广告、参与比赛等活动。

预期成果　促使学生积极开发潜能、自主思考与创新、关注心理健康。

内容设计

大学生原创心理健康公益广告作品分为平面广告和视频广告两种形式。鼓励大学生围绕心理健康教育主题展开公益宣传，创作具有吸引力、感染力、传播力的公益广告作品。通过对广告作品的创作与赏析，学生可以了解、欣赏、自主创作心理健康公益广告作品。

活动 1　了解心理健康公益广告；

活动 2　欣赏心理健康公益广告获奖作品；

活动 3　创作心理公益广告作品并参加比赛。

能力目标

CT1　责任担当；

CT2　保持心理健康；

ET2　解决问题；

FT2　调整发展。

评价方式

观察、创作、比赛。

素质得分

基础分、组织者附加分、获奖者按奖项等级加分。

活动 1　了解心理健康公益广告

　　大学生心理健康公益广告是以高校校园特定人文环境为传播范围，以全体在校大学生为受众对象，以正确的价值观念、思想意识、伦理道德和行为规范为主要传播内容，不以营利为目的的非商业广告，其目的是拓展心理健康教育的载体与形式，引导大学生形成正确的世界观、人生观和价值观，促进大学生健康成长成才。心理健康公益广告的教育功能可概括为价值导向、宣传教育、文化认同、人文关怀四个方面。

　　（1）价值导向功能是指心理公益广告通过传播正确的价值观念和主流意识形态，运用教育、引导、启发等方式，把大学生的价值取向引导到有利于促进个人和社会发展的正确轨道上来。

　　（2）宣传教育功能是指在心理公益广告的创作过程同样具备心理健康知识宣传和教育的功能。设计者在构思、寻找素材的过程中，需要对生活中具有心理学内涵的事件、现象进行收集与剖析，无形中促进设计者对心理议题的认识与思考，不仅可以正面传播心理健康知识的内容，同时可以与社会现实和学生关注的心理问题相结合，运用丰富的艺术表现形式达到震撼学生内心、发人深省的作用。

　　（3）文化认同功能是指心理公益广告作品可以将优秀的传统文化和社会主义核心价值观予以生动的表达，将文化的内核真正融入大学生的日常生活和学习当中，使大学生可以切身感受到文化的吸引力和感召力，从而增进对优秀传统文化和社会主义核心价值观的认同。

　　（4）人文关怀功能是指心理公益广告的作用对象主要是在校大学生，其出发点和落脚点是促进学生的全面发展。心理公益广告的内容充分尊重学生的主体性，关注学生本身的心理需求，致力于培养学生健全的人格，以其独特的艺术表现形式，给人以心灵的震撼，以感召力和趣味性，有温度、有情感地充分发挥心理公益广告的人文关怀功能。

活动 2 欣赏心理健康公益广告获奖作品

一、平面类获奖作品

2019 年，平面类广告作品《情绪加工厂》获广东省高校大学生原创心理公益广告一等奖。

《情绪加工厂》作品说明：每个人的情绪是多种多样的，最常见的情绪是喜怒哀乐。我们每天遇见的每一件事情都可能影响你的心情，情绪加工厂会将负能量收集起来，通过流水线把"情绪添加剂"(好情绪)放入负能量当中，通过加工整理转变成正能量，最后投入社会当中。情绪加工厂主要目的是给压抑在内心的负能量一个正向的引导，将自己的负面情绪转变成正能量。情绪不只有负能量，一条路走不通，那就转弯去往另外一条路。掌握情绪，别让负能量伤害了你(见图 6.1)。

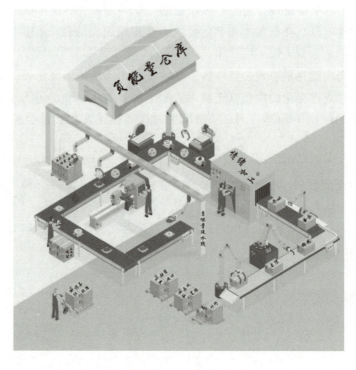

图 6.1 2019 年陈庆秋、林贤《情绪加工厂》荣获平面类心理公益广告作品一等奖

2018 年，平面类广告作品《心理不是折痕》(见图 6.2)及《总有人在背后支持你》(见图 6.3)均获广东省高校大学生原创心理公益广告比赛三等奖。

图 6.2　2018 年陈绵勋《心理不是折痕》荣获平面类心理公益广告作品三等奖

图 6.3　2018 年黄其安《总有人在背后支持你》荣获平面类心理公益广告作品三等奖

二、视频类获奖作品

《他是我》作品说明：主要讲述患有心理疾病的男孩顾文转到新学校从冷漠到融入集体的过程，收获了友情和爱情使顾文心理恢复健康。心理疾病是一种不容易被发现的心理状况，只有当患者表现出异常行为的时候，身边的人才会注意到患者的异常，但有些人往往会用异样的眼光看待这种情况，甚至会选择孤立患者，导致患者的心理疾病加深加重。所以，创作此作品是想要告诉大家，对于患有心理疾病的同学，他们的心理状况往往更加敏感脆弱，我们应该平等地对待他们，用更多的爱去包容他们(见图 6.4)。

图 6.4 2018 年林和杰《他是我》荣获视频类心理公益广告作品二等奖

《谁的青春不迷茫》作品说明：青春是一段跌跌撞撞的旅行；青春是一场有去无回的旅行；青春是一次美好憧憬的旅行。不管好的坏的都是风景，珍惜青春、珍惜自己。谁的青春不迷茫，这一场旅行只能边走边看。希望你每天醒来都是阳光的，希望你可以做自己喜欢的事，希望你不会因为别人就影响自己的心情。好好吃饭、好好学习、好好生活。积极向上，总会遇见美好的事情，你的生活会发光的！这一视频创作时结合了背景音乐《岁月神偷》《世界上的另一个我》（见图 6.5）。

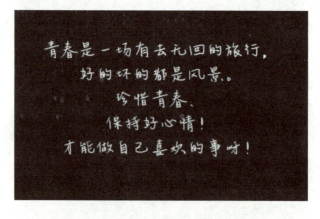

图 6.5 2019 年柯甜《谁的青春不迷茫》荣获视频类心理公益广告作品三等奖

活动 3 创作心理公益广告作品并参加比赛

广东农工商职业技术学院从 2018 年开始举办大学生原创心理健康公益广告大赛，参赛作品包括平面广告与视频广告这两种形式。大赛鼓励大学生围绕心理健康教育主题展开公益宣传，倡导同学们积极面对生活，关注心理健康，积极参与公益事业，勇于为社会公众切身利益和社会风尚服务，创作具有吸引力、感染力、传播力的公益广告作品，提高想象能力、创新能力、动手能力，更好地促进自身的发展。

一、参赛对象

全体在校大学生。

二、比赛形式

（1）每年根据广东省大学生原创心理健康公益广告大赛选定的主题设置大学生原创心理健康公益广告比赛主题。

（2）分两阶段开展：第一阶段为初赛，由各学院组织完成；第二阶段为决赛，由比赛承办学院组织完成。各参赛选手先报名参加学院初赛，后各学院推选若干名优秀参赛者参加决赛。决赛成绩优异者代表学校参加本年度广东省大学生原创心理健康公益广告大赛。

三、心理公益广告比赛评分表

心理公益广告比赛评分表（平面类）见表 6.1，心理公益广告比赛评分表（视频类）见表 6.2。

表 6.1　心理公益广告比赛评分表（平面类）

评分项	分值	要　　求	得分
创新性	30	作品主题突出，观点独特，角度新颖，引人深思，给人启迪	
内容	40	作品紧扣主题，思想健康向上，有一定的思想性与教育意义，能促进学生进行自我心理教育	
色彩与结构	20	构图饱满，布局得当，艺术表现力强，表现形式有特色，具有想象力；画面色调感染力强，整体效果突出	
心理学意义	10	作品实际表现出来的心理学意义或效果，能给观赏者带来愉悦、振奋、激励、启发、思考、教育、减压等心理健康教育的积极效应	
评委签名		总分	

表 6.2　心理公益广告比赛评分表（视频类）

评分项	分值	要　　求	得分
创新性	30	作品主题突出，视角新颖，引人深思，给人启迪	
内容	40	作品思想积极健康，结构新颖，情节紧凑，无拖沓	
画面结构	20	画面自然舒适，构图均衡，感光柔和，无画面抖动，无声音嘈杂混乱，无声音忽高忽低；艺术感强，音效音乐恰当	
心理学意义	10	作品实际表现出来的心理学意义或效果，能给观赏者带来愉悦、振奋、激励、启发、思考、教育、减压等心理健康教育的积极效应	
评委签名		总分	

项目 7

以剧为镜 剧动青春：校园心理剧的创作与赏析

项目概述

    项目目的   以创作、表演为核心，通过角色扮演、角色互换、内心独白等喜闻乐见的方式反映和处理学生的内心冲突和情感困惑，潜移默化中进行心理健康教育。

    项目组织   由心理剧导演催化，通过重现参与者过去、现在或将来的生活情景，体验或重新体验他们的思想、感情以及人际关系，透过戏剧情节展现长期埋藏的情景。

    预期成果   使参与者和观赏者释放内心紧张和压抑等不良情绪，让心灵获得自然治愈的力量。

内容设计

    心理剧作为一种新型的心理健康教育宣传方式和心理辅导活动形式，受到学生的普遍欢迎。设置下面 4 个活动帮助学生排除不良心理影响，学会调节心理的方法。

    活动 1   了解校园心理剧；

    活动 2   掌握校园心理剧操作策略；

    活动 3   优秀原创心理剧作品赏析；

    活动 4   参加大学生原创心理剧比赛。

能力目标

    AT1   有效沟通；

    CT1   责任担当；

    CT2   保持心理健康；

    ET2   解决问题；

    FT2   调整发展。

评价方式

    观察、创作、表演、比赛。

素质得分

    基础分、组织者附加分、获奖者按奖项等级加分。

活动 1　了解校园心理剧

一、心理剧简介

　　心理剧是由奥地利精神病学家莫雷诺（J. L. Moreno）创立和发展起来的一种团体治疗方法。心理剧提供了一个安全的场所和一群可以信任的成员，在心理剧导演的引导下，通过重现参与者过去、现在或将来的生活情景，体验或重新体验他们的思想、感情以及人际关系，透过戏剧情节将长期埋藏的情景展现出来，使参与者释放内心紧张和压抑等不良情绪，让心灵获得自然治愈。心理剧不仅适用于团体治疗和个体咨询等临床心理卫生领域，而且在教育学、管理学、医学等很多领域也得到了广泛的运用和发展，演绎出了艺术治疗心理剧、音乐治疗心理剧等十多个流派。

二、校园心理剧简介

　　校园心理剧是心理剧在非临床心理治疗领域的一种运用，也是我国近年来出现的新生事物。它于 20 世纪 90 年代初开始进入我国港台地区，随后在内地各高校和中小学迅速流行，成为了一种新型的心理健康教育宣传方式和心理辅导活动形式，并受到学生的普遍欢迎。校园心理剧从社会剧发展而来，具有戏剧小品的特点，比一般的心理剧具有更大的表演性。

　　作为一种团体心理辅导的方法，校园心理剧运用角色扮演、角色互换、内心独白等技术，通过表演的形式对团体进行辅导和教育，集教育性、趣味性为一体。

　　校园心理剧的内容来源于校园现实生活，贴近学生的生活实际，直接反映学生生活中常见的问题，如自我成长、学习适应、人际交往、情感困惑、危机干预等。

　　校园心理剧有以下几个特点。

　　（1）自由、轻松、戏剧化的方式，富有趣味性和启发性。

　　校园心理剧用学生喜闻乐见的方式来反映和处理学生的内心冲突和情感困惑，富有趣味性和启发性，学生乐于参与，也易于接受。同时，校园心理剧的形式轻松自由，在表演过程中心理问题以自由、轻松、戏剧化的方式展示出来，不会给学生带来心理压力和负担；问题以轻松的方式得到解决，学生能在良好的氛围中更好地自我探索和发展。

　　（2）关注自我心灵的发展，关注身边的人、事、生活等。

　　校园心理剧的内容取自校园生活，话题都是平时同学们最感兴趣、最津津乐道的，大多反映学生交往、师生关系及亲子关系等，能进一步激发学生关注身边生活的体验，关注自我心灵的发展，类似关心同学、家庭和睦、社会和谐等主题，更容易引起共鸣，也更易于被学生接受。

（3）思考自身的心理问题，在身临其境中不知不觉地接受教育。

校园心理剧的素材来源于校园现实生活，内容贴近学生生活日常，直接反应学生生活中常见的问题。不管是表演还是观看心理剧，都可以使我们联系自身经历获得感悟，认真思考那些原本不知道怎么解决的问题、令自己感到无助的问题和那些不想和别人说起的问题，让学生身临其境地感受，在不知不觉中接受教育。

（4）增强心理问题的自我调适能力。

在编排、表演和观看心理剧的过程中，可以与剧中人物一同成长，从中学习正确处理心理问题的技能，领悟蕴含的道理，并联系自己的实际生活，用正确视角与方法处理问题。

（5）提高自我解决现实问题的能力。

校园心理剧可以获得替代性经验，掌握解决问题的方法与策略，通过分享成长体验得到启发和教育，帮助同学们提高自我解决现实问题的能力，建立良好的人际关系。

（6）引导学生自我教育，预防心理问题的发生。

在整个过程中，心理老师只起到指导作用，学生才是真正的主体，他们主动参与剧本的编写、舞台效果的设计以及角色的演出，可以说心理剧编排演出的过程也是学生自我教育的过程。在校园心理剧中，一个心理问题产生、发展和解决的全过程被完整地展示给观众。一方面它可以帮助那些正在经历这种心理困惑的人找到解决问题的方法，另一方面它更重要的目的是"以剧为镜"，让那些没有心理障碍的表演者和观众发现自己生活中应该注意的问题和细节，预防同样的心理问题在自己身上重现。也就是说，它更侧重心理问题的积极预防，重视学生心理自我调适能力的培养。

活动 2　掌握校园心理剧操作策略

一、校园心理剧的创作

（一）搜集素材

剧本创作者可以通过多种方式多角度、多层次搜集学生中普遍存在的心理问题。例如：整理和分析心理咨询的典型个案；观察和分析学生群体中热议度最高的心理话题；设计调查问卷，了解学生普遍感到困惑和亟需解决的心理问题；访谈或观察学生，记录在某个学生群体中心理问题出现的频率；深入校园中的特殊群体如贫困生、学习困难生、单亲家庭学生等，了解他们经历的特殊心理困惑。

（二）确立主题

校园心理剧是针对某一突出心理问题艺术加工和创作的，因此力求把握一剧一主题的原则，否则会加大表演者的难度，达不到教育和治疗的效果。主题的确立是在素材搜集的基础上进行高度概括的结果。大学生校园心理剧的常见题材有：人际交往问题，如宿舍关系紧张、异性交往恐惧、亲子矛盾冲突、孤僻自闭等；学习心理问题，如考试焦虑、学习动机缺乏、网络成瘾、厌学等；自我意识问题，如理想自我与现实自我之间的落差、自卑、缺乏自我控制力等；环境适应问题，如新生适应不良、毕业焦虑、创伤性应激障碍等；情绪问题，如抑郁、焦虑、易怒、情绪自控力差等；人格障碍问题，如依赖、自恋、攻击、偏执等。

（三）设置时空环境

校园心理剧时空框架的设置，需符合表现主题的客观条件，以期达到情景再现的治疗效果，最好是大学生们非常熟悉和有特定意义的时空环境。比如，空间设定可选择宿舍、教室、考场、食堂、运动场等特定环境；时间假定在报到或离校之日、上课时间、考试期间、休息娱乐时间等。

（四）编写剧情

剧情是心理剧的灵魂，内容安排要围绕主题展开，要富有矛盾冲突。校园心理剧主要是通过冲突来推动剧情发展的。冲突概括起来主要可以分为以下三类。

1. 个体之间的性格冲突

每个人都有着自己独特的思维方式和行为方式，这种性格上的差异可能成为各种冲突和矛盾的来源。

2. 个体内部的心理冲突

校园心理剧非常强调人物内在的心理矛盾、冲突和变化，力图透过个体内心世界的挣扎来反映心理问题产生与转变的过程。

这种内心冲突的表现可以是多方面的，如理性思维与非理性思维方式之间的斗争、面临各种选择时的困惑、理想自我与现实自我之间的距离、他人期望与自我欲望之间的冲突等。

3. 人物与环境的冲突

个体总是生活在一定的社会环境之中，当个体无法适应周围环境及其变化时也可能引发各种冲突。大学生中常见的冲突如新生适应不良、毕业焦虑、创伤性应激障碍等。

（五）选择人物

校园心理剧的表演受舞台的限制，人物选择要尽量遵循宜少不宜多的原则。因为人物越多，焦点越多，情节越容易拖沓。只有人物精简、焦点突出，才能用更多的剧情集中刻画主角的内心世界。校园心理剧一般人物以 3～6 人为宜，尽量不要超过 10 人。

（六）创作剧本

校园心理剧剧本是开放式剧本，允许在排演的过程中随着剧情的发展修改、丰富、完善和创新。心理剧本主要靠广大同学自己创作完成。校园心理剧的创作过程是把心理健康教育引入校园生活，体现出生活即教育的原则，通过这一创作，使大学生们能从身边的问题入手进行分析、评判，寻求解决问题的方式方法，在教育他人的过程中也教育自己。

1. 创作剧本的注意事项

（1）体裁不限，题目自拟，内容积极健康。剧本征集仅限原创剧本，要结合表演艺术（造型、独白、舞蹈、声乐)形式，以角色扮演、小品表演、情景对话等方式进行创作。

（2）剧本内容要突出角色内在的心理冲突与心理协调过程，要贴近大学生学习、生活实际，就大学生这一群体所折射出的心理现象，如人际交往障碍、学业困扰、网络成瘾、恋爱情感困扰、就业压力与家庭经济困难大学生的心理负担等进行创作。

（3）剧本创作不得将已经禁止反复报道的负面新闻、极端事件等翻拍为心理剧，甚至添枝加叶扩散负面影响。

（4）所写剧本应保证原创性，不得侵犯他人著作权，且一经投稿视为将著作权授予主办方，主办方可进行修改、改编。应征作品凡被认定属于抄袭、剽窃的，将取消参评资格。

（5）所写剧本要方便排演，每个剧目表演时间在 10～12 分钟。心理剧剧本篇幅要求在 5000 字左右，采用 Word 排版编辑，标题采用黑色三号加粗，正文统一使用小四号宋体，1.5 倍行距。剧本稿件须附标题、100～300 字故事梗概、人物介绍、正文等内容。

2. 剧本的角色技术

（1）角色互换。这是心理剧中最常用和最有效的一种技术。即让主角与另一角色相互交换，来体验对方的经历和感受。角色互换可以帮助个体从自己的角色中抽离出来而进入另一个人的世界中。经过角色互换，把主角同理的或投射的情感演绎出来。比如，让主角演配角，让配角演主角。

（2）未来投射技术。用来协助表演者表达和澄清他们对未来的想法。如，让团体成员想象五年以后、十年以后或者更久远的自己，并表演出来。这样可以让他们明确自己的理想和价值观，将推动团体成员去争取自己想要的结果。

（3）空椅子技术。当主角对某人或自己的某一部分产生阻抗，不敢面对时，就可以利用一张椅子来象征其内心的期望和恐惧。一般会让主角想象在一张空椅子上坐着一个人，放着一件东西，或者是自己的某一个部分，鼓励主角与之对话。

（4）替身技术。由一位成员扮演主角，进入主角的经验世界中，体会主角的感受、想法和内在语言，以协助主角把没有体会到的感受表达出来，扩大主角的觉察范围，催化主角的心理经验，表露出主角的深层次情绪。校园心理剧经常会使用的一种替身技术是：给主角安排两个替身，一个代表本我和欲望，一个代表超我和道德，通过两个替身的冲突矛盾来形象地表现主角的内心冲突。

二、校园心理剧的创作团队

（一）编剧

编写剧本。

（二）导演

挑选演员，分配主角和配角，选择角色扮演技术，指导排练确保表演的艺术效果等。

（三）演员（主角、配角）

挑选气质类型符合角色的演员，要求演员认识、体会和了解角色的心理问题，这些问题或许是他本人的心理问题，或许是他身边人的心理问题，让演员从表演中找到是与非、正常与不正常等，从而达到解除危机和烦恼的疗效。最符合条件的演员就是提供素材的原型人物。严格地讲，心理剧本意就是给患者提供表演和宣泄其困惑等心理问题的工具。

主角是校园心理剧的主要人物，但是通常心理剧中不会只有主角，还需要配角来帮助主角完成整个表演。

（四）旁白

旁白不但是对情景剧的有力补充，更具有铺垫作用和衔接作用，因此创作心理剧过程中要恰当使用旁白。一般在剧首、剧尾和场景切换时使用，另外主人公的心理挣扎也可以通过旁白加以体现。

（五）灯光

负责整个剧目演绎过程中灯光的处理。

（六）音乐

恰当的音乐可以辅助和升华演绎的效果，增加剧本的感染力和影响力，增强观众或听众的代入感。

（七）道具

适当的道具让演员的表演更加立体和真实。

三、校园心理剧的表演

（一）时间

演出时间一般安排在"5·25 大学生心理健康教育月"期间，每个情景剧演出时间 10～12 分钟。

（二）观众

全校师生。

（三）分享

演出之后是分享的过程，即演员之间、观众之间、演员和观众之间的一种互动与情感交流，这是一个让情绪宣泄和经验整合的时间。

（四）审视

审视就是在分享之后，演员和导演之间就演出的感受、收获进行的交流，就演出中技巧的运用进行的反思与回馈，以便下次在这些方面有所提高。

四、校园心理剧表演要求

（1）坚持一剧一主题原则。所创作的心理剧一定要紧紧围绕某一主题展开，即一部校园心理剧要针对某一突出心理问题进行艺术加工和创作，否则会加大表演者的难度。

（2）突出心理冲突和行为矛盾。心理剧重在揭示个体内心的心理冲突以及与外在行为表现的矛盾，要刻画表演者对心理规律由偏颇到恰当的动态转化过程。

（3）选择合适的时空因素。心理剧的表演场景要突出时空因素，表现特定时期、特定环境下的学生心理与行为发展，如对大学生活的适应、大学生恋爱、人际交往、人格特质（自卑）、大学生自我期望、大学生就业等，地点则多选择熟悉的食堂、运动场、考场（也包括应聘面试场地）、教室、寝室、兼职场所等。

（4）演员不宜太多。与一般的舞台剧不同，心理剧更注重对内心世界的体现，这种细腻性就决定了心理剧的演员不宜太多，以3~6人为宜，尽量不要超过10人，否则表演效果不好。

（5）表演要尽量夸张。心理品质需要进行放大，才能给人以震撼，因此心理剧表演过程中要求演员做到动作表情尽量夸张，以达到渲染气氛、震撼心灵的作用。

（6）场景切换频率适当。心理剧在表现手法上非常注重场景的切换，以体现表演者心理的不同，但是切换的频率不宜太快、场景数量不宜太多，一般控制在4~6幕即可。

（7）重视旁白。旁白不但是对情景剧的有力补充，更具有铺垫作用和衔接作用，因此创作心理剧过程中要恰当使用旁白。一般在剧首、剧尾和场景切换时使用，另外主人公的心理挣扎也可以通过旁白加以体现。

（8）掌握好时间。

（9）安排专人负责灯光、音乐。

（10）准备小道具。

活动 3 优秀原创心理剧作品赏析

心理剧《正路青春》剧情简介：犯困的小颖，沉迷游戏的浩谦，吊儿郎当的世玉……当初满怀希望踏入大学校门的大家，一个个地变得消沉，团支书心急如焚，同学们非但不听劝解反而冷眼相待，同学之间的矛盾日益尖锐。这时，有人用另一种方式悄悄地改变着这一切。如何打破成见，如何拨开阴霾，如何拥抱阳光，奔跑在青春的路上，一同见证心理委员踏实而细腻的努力（见图 7.1）。

图 7.1　2013 年，心理剧《正路青春》获得广东省高校大学生第四届心理剧大赛三等奖

心理剧《回到原点》剧情简介：马虎是一个刚毕业不久的大学生，他和大多数毕业生一样对未来感到迷茫，得过且过。一天，他与公司经理发生争执，意气用事的马虎索性辞掉工作，一走了之。随后，一张大学时期的合照引发了他对大学生活的无尽想念和懊悔，深深地触动了他内心深处。梦醒了，马虎也清醒了。最后，他用行动证明了自己的觉悟（见图 7.2）。

图 7.2　2013 年，心理剧《回到原点》获得广东省高校大学生第四届心理剧大赛三等奖

心理剧《和手机说"分手"》剧情简介：手机作为社会发展的产物，在给人们生活带来便捷的同时也对很多人的精神生活造成影响。故事的主人公小旭沉迷于手机世界，变得孤立，

不爱运动，也不爱学习，连走路都在看着手机，不搭理身边经过的同学……直到最后他收到了一部妈妈寄来的手机，读了妈妈写的信，知道妈妈的不易，也清楚认识到自己的错，最后他走出了手机的世界（见图7.3）。

图7.3　2015年，心理剧《和手机说"分手"》获得第六届广东省高校大学生原创心理剧大赛二等奖

心理剧《点赞的深渊》剧情简介：手机作为社会发展的产物，在其高速发展之际，许多聊天软件也频频出现，这在方便人们联系的同时也存在很多隐患。故事中的主人公小罗沉迷于各种聊天软件点赞活动，即使男友不满也毫不在意，后来她被骗了几万块，后悔不已想要结束生命，而她猛然醒悟过来，明白用结束自己生命来逃避现实是无法解决问题的，于是她毅然放弃结束生命的愚蠢想法，选择勇敢面对自己的错误，最终走出了网络诈骗的漩涡（见图7.4）。

图7.4　2016年，心理剧《点赞的深渊》获得第七届广东省高校大学生原创心理剧大赛二等奖

　　心理剧《失而复得》剧情简介：烁烁是个家庭贫困的大学生，为了补贴家用，她和舍友愉婷一起在兼职 APP 找了份扫码关注公众号送口红的推销兼职。不料，很多同学扫码后银行卡里的钱都没了，其中一琳因为这件事，没钱救车祸的父亲，最后烁烁和愉婷报警抓住了骗子，并且在学校组织捐款，让一琳的父亲得救。这件事告诉我们：大学生要时刻保持警惕，勿因小失大，更要珍惜朋友之间的友情（见图 7.5）。

图 7.5　2018 年，心理剧《失而复得》荣获广东省高校大学生原创心理剧比赛二等奖

　　心理剧《抉择》着眼于大学生在校园欺凌和校园贷中如何作出正确抉择。剧情简介：许诺是一个怕事、不善于与人交往的人，父亲的误解和同学的欺负、校园贷的诱惑，他内心的恶魔和天使反复出现，每当许诺要作出选择的时候，恶魔和天使会引导许诺做出不同的选择。最后究竟许诺会如何抉择？（见图 7.6）

图 7.6　2018 年，心理剧《抉择》荣获广东省高校大学生原创心理剧比赛二等奖

　　心理剧《勿进嫉妒的迷雾》关注传销新骗局。剧情介绍：小奕和大同是大学的一对情侣，小奕与珊珊是从小到大的闺蜜，珊珊知道小奕的虚荣心，诱骗小奕进入了传销。小奕因心急赚钱对自己闺蜜的深信不疑，深陷骗局，无法脱身。大同为了解救小奕，同宿友设法营救小奕，并帮助小奕回归校园，重新生活（见图 7.7）。

图 7.7　2018 年，心理剧《勿进嫉妒的迷雾》荣获广东省高校大学生原创心理剧比赛三等奖

　　心理剧《太阳也会有升落》剧情简介：主人公向洋是一个敏感内向的女大学生，在操场上遇见路人的碰撞也会想很多，生活中遭遇到好朋友夏天的背叛欺骗、母亲的冷漠索取、兼职店家老板娘的恶语相对，她的内心感到无比的痛苦，她在不知不觉中一步步走向了抑郁，抑郁的情绪就像巨石般压抑着她，使她坠入了无尽的深渊，伸手抓到的是虚无，抬头看到的是黑暗，世界变得没有丝毫光亮。深受抑郁情绪困扰的向洋选择以自杀结束自己的生命，幸好被赶回来的舍友发现并拯救。舍友、同学、老师的关心、帮助和陪伴就像一缕阳光打破了她黑暗的世界，让向洋感受到了温暖。她慢慢地知道自己该直面世界、抬头向阳了，向洋决心重新接纳自我、改变自我，让心中的太阳慢慢升起。抑郁症，或许就是精神上的一场感冒，我们可以做的是去认识它，接受它，然后战胜它！（见图 7.8）

图 7.8　心理剧《太阳也会有升落》获得 2019 年广东省高校大学生原创心理剧比赛一等奖

　　心理剧《心声的传递》剧情简介：故事以一名大一新生因家庭贫困申请助学金而产生的一系列心理戏展开。小邵是一名性格内向的女生，家庭经济困难，一直靠兼职补贴生活费。进入大学，在学费和生活费的双重压力下，小邵已无力承担。在小邵申请助学金的道路上，

她进行了无数次的心理斗争，在老师和同学们的热心帮助下，她慢慢消除了对申请助学金的顾虑，克服了心理障碍，变得坦然乐观、积极向上（见图7.9）。

图7.9　心理剧《心声的传递》获得2019年广东省高校大学生原创心理剧比赛二等奖

心理剧《为了谁依靠谁我是谁》剧情简介：故事的主人公严丽丽，因原生家庭的影响，喜欢与人比较，做任何事都喜欢关注别人。后来，丽丽高考失利，去了一所大专院校，她没法接受自己比高中同学低人一等。她每天郁郁寡欢，后被诊断为轻度抑郁，在治疗之后，丽丽的状态得到了较好的调整，可她还是找不到人生的方向，不知道人生的意义是什么。在一次学习共和国勋章获得者李延年的先进事迹之后，她仿佛知道了问题的答案。回校后，她积极参与志愿服务，听完西部计划师姐的宣讲后，她也立志毕业后要加入西部计划，到基层、到西部、到祖国需要的地方去实现她的青春梦想。我们生逢盛世，肩负重任，为实现中华民族伟大复兴奉献青春正能量（见图7.10）。

图7.10　心理剧《为了谁依靠谁我是谁》获得2021年广东省高校大学生原创心理剧比赛二等奖

心理剧《友情万岁》剧情简介：吴凡是一个独来独往、不善交际的人，独自一人来到一个陌生的城市，开始了他的大学生活，他成天与游戏为伴，不分场合甚至打扰到室友休息，难以融入集体活动，试图用谎言掩盖却被室友拆穿，这些矛盾日渐激化，直至爆发，最后在老师的疏导和彼此的理解下，矛盾得以解决，吴凡也收获了一群胜似亲人的朋友（见图7.11）。

图 7.11　心理剧《友情万岁》获得 2021 年广东省高校大学生原创心理剧比赛三等奖

　　心理剧《心钥匙》剧情简介：小曼在高中时期被同学们校园霸凌，她下定决心要在大学的新环境里改变，但是申请助学金却不被同学们理解，同时又听到父亲病倒的消息，她没有因此气馁，而是想要更努力一点改变现状。为了兼顾工作与学习，小曼的身体和心理承受了高强度的压力，课上老师发现她的异常，安排送她去医务室，在路上得知失去工作的消息让小曼的心理雪上加霜。最后，在外界的帮助下，小曼迎接了美好的大学生活。如果在心理上有打不开的心结，要找到一个恰当的方式当作一把"心"钥匙解开心结。同样，如果在生活上遇到了问题，可以及时求助外界，不要给自己太大的压力。相信天无绝人之路，相信美好的未来在前方（见图 7.12）。

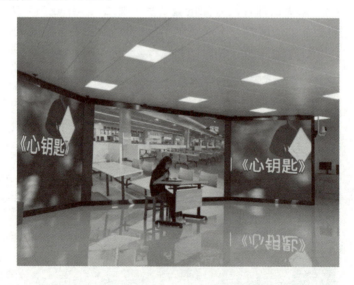

图 7.12　心理剧《心钥匙》获得 2022 年广东省高校大学生原创心理剧比赛二等奖

　　心理剧《其实你本就值得被爱》剧情简介：具有讨好型人格、自卑的女主角雨彤在生日这一天，被室友嘉嘉冷落，见到暗恋对象徐佳珞和好朋友艺云在一起，回忆起高中第一次勇敢地向喜欢的男生表达心意却遭到男生与同学的嘲笑，这样的打击使雨彤开始怀疑自己是否是值得被爱的人。回到宿舍不小心听到好朋友艺云意图隐瞒自己，情绪终于爆发却发现都是误会一场。最后雨彤发现，自己其实本就是被爱包围的，父亲的鼓励、室友朋友的庆生、被喜欢的男生喜欢，让雨彤坚定了自己是值得被爱的。没有人是天生完美的，你可能不够漂亮帅气，不够显眼优秀，但总有人看得见你的美好，或远或近总有人是为你而来的(见图 7.13)。

图 7.13 心理剧《其实你本就值得被爱》获得 2022 广东省高校大学生原创心理剧比赛三等奖

活动 4 参加大学生原创心理剧比赛

一、参与对象

全校在校大学生。

二、比赛形式

(1) 每年根据广东省大学生原创心理剧大赛选定的主题设置大学生原创心理剧比赛主题。

(2) 分两阶段开展：第一阶段为初赛，由各学院组织完成；第二阶段为决赛，由比赛承办学院组织完成。各参赛选手先报名参加学院初赛，然后各学院推选优秀作品参加决赛。决赛成绩优异者代表学校参加本年度广东省大学生原创心理剧大赛。

三、作品要求

(一) 内容要求

作品可采用音乐剧、话剧、哑剧、小品、相声等多种艺术表演形式，鼓励大学生讲述身边的故事，反映在环境适应、人际交往、学习生活、恋爱情感、择业就业等方面存在的心理困惑、矛盾和冲突，诠释心理健康问题，传播心理健康知识。要求心理问题表现清晰，解决方法生动、实用、有效；剧情发展合理，生动活泼；表达感情准确，演出富有感染力；内容积极健康向上，遵守国家法律法规。

（二）格式要求

原始作品须为 AVI、MOV、MP4 格式，分辨率不小于 1920×1080 px。作品时长在 10 分钟左右，画面清晰，声音清楚。对白或旁白原则上用普通话录制，可出现少量英语或方言，可采用前期录音、幕后配音等形式，提倡标注字幕。

四、校园心理剧比赛评分表

校园心理剧比赛评分表见表 7.1。

表 7.1　校园心理剧比赛评分表

评分项	分值	要　　求	得分
剧本内容	40	剧本主题明确，有教育、启示意义；剧情完整，情节设置合理，整体符合逻辑；人物特点鲜明，富于个性；语言精练优美，富有感染力；有一定的明显的戏剧冲突；有一种或多种心理情景剧手法的运用，如独白、角色互换、空椅子等；剧本属于原创，贴近校园生活，展现大学生的心理面貌	
演员表演	30	整场表演连贯流畅，表现形式新颖多样；演员表演大方、得体、自然，演出生动、细腻、有感情、富有感染力，充分把握剧中人物性格特征；演员间配合默契，应变灵活，言行能很好地展现心理活动	
解决方法	10	注重表演艺术与心理健康实践相结合，心理辅导理论依据正确，思路清晰，表达易懂，解决方法实用有效，具有普遍意义	
舞台效果	10	灯光设置和背景音乐符合情境，旁白使用能达到烘托演出效果的作用；道具使用能准确表现剧情场景，道具切换快速安静；服装能准确表现人物身份，符合角色需要；每幕之间切换自如，换场有序，上下台流程清晰；舞台氛围感强，教育作用大，现场观众反映热烈	
时间把握	10	时间节奏掌握恰当，控制在 10 分钟左右	
评委签名		总分	

项目 8

青春飞扬 笑动心灵：校园笑脸墙

项目概述

项目目的　以欣赏和创作为核心，引导学生发现青春之美，共享喜悦心灵，展示师生朝气蓬勃、健康向上、积极乐观的生活态度。

项目组织　由学生拍摄笑脸照、展示与欣赏笑脸照。

预期成果　提升大学生对身边事、生活美的感悟能力。

内容设计

通过在全校范围内征集笑脸照片，旨在发现青春之美，共享喜悦心灵，展示全体学生和教职工朝气蓬勃、健康向上的学习、工作和生活态度，提升大学生对身边事、生活美的感悟能力。

活动1　了解校园笑脸墙；

活动2　征集和展示笑脸墙照片；

活动3　参与校园笑脸墙活动。

能力目标

AT1　有效沟通；

CT2　保持心理健康；

FT2　适应角色、调整变迁；

ET2　解决问题；

AT1　团队协作。

评价方式

作品展示。

素质得分

基础分、组织者附加分。

活动 1　了解校园笑脸墙

　　由大学生心理健康教育中心主办，心理健康服务站承办的"青春飞扬 笑动心灵"校园笑脸墙活动自 2010 年开始举办，迄今为止已经开展了十多季。每一季校园笑脸墙从每年 9 月份开始征集到次年 5 月份展出，横跨一个学年，整个过程凝结着师生们的热情参与和倾心投入。此活动不仅是校园文化精品项目，也已经成为全校师生共同期待和参与度最高的校园文化盛事之一。

　　以"青春飞扬 笑动心灵"为主题的校园笑脸墙项目是由大学生心理健康教育中心策划、组织，全校同学参与实施的，在经过不断探索和经验总结后，得到了全校师生的积极响应和热情参与，成为学校开展大学生心理健康教育的隐性教育途径。一张张明艳活泼的笑脸照片配上生动感人的文字描述，让整面笑脸墙熠熠发光，感染着观看笑脸墙的每一个人。笑脸墙活动的参与人数从最初的几十名同学发展到如今的几千名师生，成为了校园里一道靓丽的风景线。2013 年，第 3 季笑脸墙活动不但在校内取得了圆满成功，活动还被《信息时报》和《广州日报》报道，在校外也产生了强烈的社会反响，提高了学校的知名度（见图 8.1、图 8.2）。

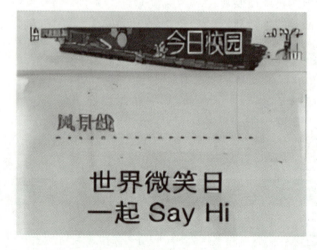

图 8.1　《信息时报》于 2013 年 5 月 9 日在 A21 版，以《世界微笑日一起 Say Hi》为题，对我院开展的"笑脸墙"活动进行了报道

图 8.2　《广州日报》于 2013 年 5 月 14 日在 A18 版，以《农工商学院有堵"笑脸墙"》为题，
对我院开展的"笑脸墙"活动进行了报道

　　开展校园笑脸墙活动，旨在发现青春之美，共享喜悦心灵，加强校园文化建设，构建和谐校园。通过校园笑脸墙征集活动，进一步丰富广大学生的课余文化生活，展示全体学生和教职工朝气蓬勃，健康向上的学习、工作和生活态度，提升学生对身边事、生活美的感悟能力（见图 8.3）。

图 8.3　校园笑脸墙被评选为广东省高校心理健康教育优秀项目奖

活动 2　征集和展示笑脸墙照片

　　笑脸墙活动参与对象是全校学生和教职工，分为两个阶段。第一阶段是笑脸墙照片的征集阶段，由各班心理委员负责收集本班同学上交的笑脸照片和对照片进行生动形象及富有创意的描述，经初步筛选，筛选出符合内容和规格要求的作品；第二阶段由心理健康服务站负责从全校各班上交的所有照片中挑选出最有代表性的笑脸照片，并精心制作成笑脸墙，最终以海报形式分别在全校两校区展出（见图 8.4、图 8.5）。途经笑脸墙的同学和老师纷纷驻足去感受那一张张笑脸以及精彩的描述所带来的温馨和快乐。在笑脸墙展出期间，恰逢世界微笑日，使得这一项活动具有了更加深远的意义（见图 8.6）。

图 8.4 粤垦校区笑脸墙

图 8.5 增城校区笑脸墙

图 8.6　同学们纷纷驻足欣赏笑脸墙

　　心理健康服务站设计、制作了笑脸墙活动的纪念徽章，并将笑脸墙的照片制作成 DV，颁发给参与者留念（见图 8.7、图 8.8）。同学们纷纷表示，校园笑脸墙活动是他们致青春最好的方式，通过这样的活动，学会了欣赏和尊重他人。

图 8.7　笑脸墙 logo

图 8.8　笑脸墙徽章

　　用笑脸致敬青春，用笑容承载爱意。微笑是全世界共同的语言，大学生心理健康教育中心持续开展校园笑脸墙活动，将校园里随处可见的欢声笑语记录下来、展示出来，为广大农工商学子传递善意、美好、温暖和希望，注入爱己爱人的正能量。"青春飞扬 笑动心灵"校园笑脸墙给学校增添了一抹亮色，让同学们分享了彼此之间的快乐，给每个人的心灵传递了一米阳光。

活动 3　参与校园笑脸墙活动

一、主题

青春飞扬 笑动心灵

二、组织

主办：大学生心理健康教育中心

承办：心理健康服务站

协办：各学院二级心理辅导站

三、内容

（一）作品要求

（1）内容：微笑、大笑的一个或多个正面人头像，人物能够反映农工商学生或教职工朝气蓬勃、积极乐观的学习、工作和生活态度，性别、年龄、背景不限。

（2）规格：大小 1 M 以上，用数码相机或手机拍摄笑脸（需征得本人同意）的电子相片，尺寸、大小不限，色彩明亮，主体清晰即可。照片上人物形象不能有贴纸或涂鸦遮挡、修饰。为笑脸照片附上生动形象、有创意的短语或短句，作为照片配文。

（二）作品征集与展出

（1）参与笑脸墙照片征集的同学将照片交给本班心理委员，照片命名为：学院＋年级＋班级＋姓名。

（2）各班心理委员搜集本班同学上交的至少 10 张符合要求的照片，并用 Word 文档将参与同学的笑脸照片配文一一对应整理好，统一以电子文件夹的形式整理打包为压缩文件，发送至所在学院心理委员负责人，文件夹名称命名为：年级＋班级。

（3）心理委员负责人审核认定照片合格之后，统一将文件集齐打包，将文件命名为：学院名称，发送至指定电子邮箱。

（4）由大学生心理健康教育中心和心理健康服务站挑选最上镜的笑脸制作成海报并集中于两校区展出。

（三）时间进度

每学年第一学期征集笑脸照片，12 月 31 日截止；第二学期 5 月至 6 月在两校区展示笑脸墙。

项目 9

沐浴书海 丰富心灵：心理读书会

项目概述

项目目的　旨在搭建一个供学生读书、交流的平台。借由读书，一起探索知识，一起分享心情，一起感悟成长。

项目组织　每一期读书会选定一本心理学书籍，招募 6～12 名同学成为一个小组，定期进行读书活动，持续进行 6～8 周，每周开展约 2.5 小时。每次读书先由小组成员轮流领读书籍内容，再由主持人带领大家讨论、分享，主要聚焦于个人内心体验、感悟。

预期成果　成员了解相关心理学知识，能够主动与他人交流与分享心得，团体形成较强凝聚力，成员在团体中感受到支持与温暖。

内容设计

心理读书会以小团体的活动形式促进团体成员之间的人际交流。通过连续开展的读书活动，不断密切团体成员之间的关系，借由读书，分享知识与生活，共同成长。

活动 1　了解和宣传心理读书会；

活动 2　面试和筛选心理读书会成员；

活动 3　开展心理读书会。

能力目标

AT1　有效沟通、团队协作；

CT2　保持心理健康；

FT2　适应角色、调整变迁、调整发展；

ET2　解决问题；

CT1　责任担当。

评价方式

签到记录、行为观测、心得体会。

素质得分

基础分、组织者附加分。

活动 1　了解和宣传心理读书会

一、心理读书会简介

由大学生心理健康教育中心举办的心理读书会于 2016 年开启。每个学期至少举办一期心理读书会，每期会选定一本心理学书籍，招募成员定期开展读书分享活动（见图 9.1）。

心理读书会虽为读书活动，但不同于普通读书会。大学生读书会一般由图书馆发起与组织，以交流知识、提升阅读兴趣、拓宽视野或深度阅读、理解书籍为主。心理读书会则由大学生心理健康教育中心发起，由专职心理老师带领或指导，根据大学生心理发展需求与实际情况确立活动主

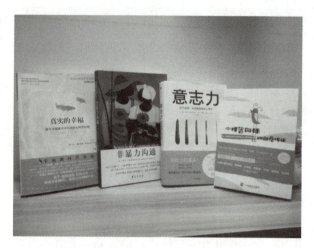

图 9.1　往期心理读书会所读书籍

题、招募成员，有计划、有组织地持续开展读书活动，旨在搭建一个人际交流平台，促进学生心理成长。

二、心理读书会的特点

（1）选用心理学家编写的书籍，书籍内容积极向上，富含心理学意义并有助于提升大学生心理素质以及心理健康水平。

（2）心理读书会为封闭性小型团体，有助于成员间深入交流与团体凝聚力的提升。

（3）每期心理读书会固定于团体辅导室持续开展六至八次活动，充分给予成员成长的空间与时间。

（4）以书为媒介和载体，但不以学习书籍为主，而是借由读书一起分享与探索自我，一起成长。

三、心理读书会的带领者

心理读书会的带领者可分为以下三种情况。

（1）由接受过团体心理辅导训练的专职心理健康教育老师带领。专业心理老师的引领可将心理健康知识更好地传递给团体成员，并能更好地保证团体的稳定性，给予团体成员强有力的支持。

（2）由经过心理老师挑选、培训与指导的学生带领。学生担任主持人的优势在于与团体成员间经历相似、更亲近团体成员，团体时间外能更灵活地进行团员之间的互动，提升团体凝聚力。

（3）以上两种情况均为在一期活动中固定带领者，第三种情况为在一期活动中不固定带领者，具体操作为在第一次活动中先由心理老师带领，然后遵循自愿原则团体成员轮流担任带领者。每一次活动结束后成员们给予带领者反馈意见，心理老师总结并给予指导建议，帮助带领者提升组织能力。

四、心理读书会的宣传途径

通过发布海报、分享心理健康服务站微信公众号，班级心理委员在班群多途径进行活动宣传（见图 9.2）。

图 9.2　心理读书会招募宣传海报

活动 2　面试和筛选心理读书会成员

　　心理读书会的成员需要经过严格筛选，参与对象主要为对心理学感兴趣、有自我探索需求、能坚持参加读书会的在校生。首先可在全校范围内宣传心理读书会并进行成员招募，接着由带领者对报名的同学进行一对一面谈。面谈问题包括疾病史、是否对心理学感兴趣、是否能保证有足够的时间连续参加心理读书会活动、为什么想加入心理读书会等。必须排除有心理疾病与重大身体疾病（心脏病、高血压等）、性格偏执的学生，避免深入团体互动时触发疾病与引发冲突。同时要排除不能坚持参加心理读书会活动的学生，因为每位成员的出勤率影响团体凝聚力与其他成员的团体归属感，成员随意缺席团体活动势必会削弱团体力量，使团体活动成效大打折扣。除以上排除原则外，团体成员的筛选还需注意关注不同类型的学生。举办心理读书会的最终目的是给予学生一个展示自我与成长的平台，故而心理读书会除纳入一部分优秀学生外，还需纳入一些自信心不足、缺乏人际交往或发展机会的学生。

活动 3　开展心理读书会活动

一、设置

　　（1）心理读书会为封闭性连续团体，成员人数固定为 6～12 人，活动期间不再增减成员。

　　（2）活动场地固定，活动时间也相对固定（如周二晚上）。

　　（3）活动实行考勤制，成员缺席活动次数达到 1/3 则自动退出团体。

　　（4）每次活动均按时开始，带领者一定要严明纪律，所有成员每次迟到、早退、缺席均需提前请假并说明原因。

（5）若某次活动有一半或以上成员请假，则此次活动暂停并顺延一周举办。

（6）每次活动期间所有人的手机需要调为静音或关机，不允许接电话、玩手机（休息时间除外）。

（7）活动期间带领者应避免与某一位成员单独发展友谊或其他关系，应做到客观、公正、平等地对待每一位成员。

二、形　式

（1）设带领者一名，每次读书先由小组成员轮流领读书中内容，再由带领者引导大家讨论、分享，主要聚焦于个人内心体验、感悟。

（2）在读书的过程中，所有成员可随时发问、开启对话、呈现想法与观点。

（3）每次读书分享活动结束后，每位成员简短地反馈此次活动的遗憾与收获、对带领者的建议等。每期活动结束后，学生带领者、每位成员填写活动反馈表，提交活动总结。

（4）小组读书活动持续 6～8 周，每周一次，每次 2.5 小时。

（5）书籍由心理中心提供。

三、成　效

心理读书会的成功开展弥补了大型团体活动在实施中的不足，开拓了高校心理健康教育新途径，通过连续开展小型封闭性团体活动，使团体成员进行充分而深入的交流，丰富课余文化生活的同时，增进了人际交往、增强了自信。心理读书会营造了一个安全、温暖的团体氛围，使成员们敞开心扉自由交流、坦诚相对、真诚分享，收获友谊的同时也获得了自我成长。

心理读书会成员反馈（节选）：

"和大家一起读书，与以往一个人读书有很大的不同，思维的碰撞，可以即时了解其他人的想法和弄明白一些看不懂的地方，有了更深的思考，而且也找到了沟通的窍门，非常好。读书氛围很好。"（第一期成员）

"由温柔、和蔼、智慧的老师带领我们，大家相聚在一起，这个感觉真的很棒！很享受这个过程！其中认识到了即使发生一件自认为挺糟糕的事情，但是用理性思维去考虑之后，其实还是可以继续向前的，勇敢不逃避可能结果并不糟糕！"（第一期成员）

"不言而喻的是，我们都收获了一份友谊，一份属于大家的友谊，这个小团体比预期还要团结还要美好，相信这是命运最好的安排，我们十个人都恰好搭上了这班车。这当然是要归功于读书会这个平台，这个平台的意义真的大大超乎我们的想像，在这个平台，我们像化学剂一旦相遇便出现显色反应，彩色斑斓，又彼此相融，创造出我们这期读书会专属的方程式。"（第二期带领者）

"首先是认识了这群有趣的小伙伴，收获了一份满满的友谊。他们都很优秀，让我从他们身上发现了自己需要学习的地方。在现实中，像这样的读书会也是很少有，我们能在闲暇时间静下心来一起读书、一起讨论、一起聊天，这是一个很值得珍惜的机会。"（第二期成员）

"收获了友谊，认识了一群真诚而努力生活的朋友，每个人来读书会的目的都是单纯的交友、读书，这是一群善解人意又努力的人。我不仅收获了书籍里的知识，还学会在沟通时，表达客观情况而不带有伤害性的词语，要耐心倾听他人的话，要表达清楚自己的需求，要让别人理解你的需求，最重要的是，不能强迫别人按你的要求来，因为这样就会变成强制性的命令。所以在沟通中，要客观看待问题，了解自己和他人的想法，用友好的态度和语气解决问题。"（第二期成员）

"读书会是一个能让人愉快放松的地方，更是一个能让人身心交流和学习的地方。我喜欢读书会，我更爱读书会的每一个人，因为每个人都有不一样的特点，在那里我总能开怀大笑起来。谢谢你们给我们建立一个这么有趣的读书会！"（第三期成员）

"很高兴能加入这个大家庭，认识你们，我们一起畅谈、一起欢笑、一起八卦、一起讲述着人生遇到的各种问题，然后读着同一本书，思考着同一个问题，却又有着不同的见解，这种碰撞的感觉真好！"（第三期成员）

"很荣幸能加入心理读书会这个有意义、有爱的大家庭，第一次来到心理读书会，认识了来自不同专业的小伙伴，每个小伙伴都有各自独特的思想和目标，还有积极向上的生活方式，我很喜欢开始读书前的'谈谈一周内发生的事情'这个环节，它拉近了我们彼此间的距离，沟通了感情。"（第四期成员）

"真的挺高兴遇到你们，一来到大学就能和各位分享自己的开心和伤心……每个人都散发着令人欣赏的闪光点……你们每次分享的故事都令我若有所思，不仅视野（对事情的看法）打开了，而且心灵上更得到升华和洗涤。就算是特别好的朋友，对于难受的事也不会向他们袒露过多，很幸运，在这里我不会封闭自己，学会了分享，懂得了珍惜。说喜欢这里，是因为可以真正地放松，畅所欲言。"（第五期成员）

"心理读书会是一个小团体，总共有 7 个人，不像其他社团十几二十多人甚至有一百多人。虽然在人数方面他们多于我们，但如果让他们也像我们一样举办读书会，恐怕没有我们这个小团体做得这么好了，人多不一定什么事情都占优势。就拿读书会来说吧，每一次读书会活动上我们都有机会表达自己的想法和感受，畅所欲言，大家齐聚一起，显得特别的温馨，更能彼此了解相互之间的感受和想法。而更大的团体就很难做到这一点了。我真的有幸参加这次心理读书会，在读书会的日子我会永远记得，这期读书会也为我的大学生活涂上了浓浓的一笔。"（第五期成员）

项目 10

心沟通 共成长：团体心理拓展活动

项目概述

项目目的　提高信任与合作水平，促进学生心理健康成长。

项目组织　通过设置各种复杂情境，精心设计具有开放性、挑战性的实践活动，经由学生之间的信任、合作、分享达成任务。

预期成果　培养团队精神，提高心理素质，完善个性品质，增强个人自我意识和团队共同发展的能力，从而激发潜能、熔炼团队、砥砺心智。

内容设计

学生通过参与包含心理、趣味、运动等元素的活动，提升其应对困难，解决问题的能力，强化谋略意识和目标意识，同时让学生感受该活动对塑造健康人格的作用。

活动1　了解团体心理拓展；

活动2　开展团体心理拓展活动；

活动3　参与团体心理拓展活动。

能力目标

AT1　有效沟通、团队协作；

CT2　保持心理健康；

FT2　适应角色、调整发展；

ET2　解决问题；

CT1　责任担当。

评价方式

签到记录、行为观测、心得体会。

素质得分

基础分、组织者附加分。

活动 1　了解团体心理拓展

心理拓展一词，源于英文"Outward bound"，意指"一叶扁舟，离开港湾，驶向汹涌的大海，去迎接挑战，战胜困难。"

团体心理拓展是设定或模拟各种典型的情景环境，设计有针对性和挑战性的游戏活动，在培训师的指导和组织下，让参与者经历考验，克服困难，磨炼意志，激发内心的积极因素，以培养积极向上的人生态度和健康良好的心理素质。

心理拓展活动是一种"做中学"的体验式学习。强调个体心理素质的提升，以克服心理障碍，完成心理挑战为目标。大学生团体心理拓展活动的对象是大学生，通过一系列包含心理、趣味、运动等元素的活动，让学生投身其中，运用个人和团队的力量，打破心理极限，迎接困难，挑战自我，解决实际问题，亲身体会活动蕴含的道理，通过思考获得知识、改变行为，从而增强谋略意识和目标意识，培养逻辑思维能力和团队精神，塑造健康人格。

团体心理拓展在活动类型上丰富多样，主要包括活跃气氛类、团队建设类、增强信任类、沟通合作类、合作竞争类、体验创新类、激烈挑战类等，多样的活动类型使心理成长具有更大的发展空间。在活动内容上新颖刺激、富有一定的挑战性，既有突破自我极限的个人项目，又有强调团结的集体项目等，多彩的活动内容能够使参与者得到不同层面的心理成长。在活动基本形式上，既有集体活动式，又有小组活动式、个人活动式，集体活动式集中表现在团队建设等活动项目中，小组活动式集中表现在合作竞争类等活动项目中，个人活动式集中表现在激烈挑战类等活动项目中，形式上的多元也带来不同效果的心理成长。当前，学校团体心理拓展的最终目标是通过同学们的身体力行，促使健康心理行为的养成，从而提升心理素质，促进心理的成长。

活动 2　开展团体心理拓展活动

广东农工商职业技术学院自 2017 年开始在心理委员和心理健康服务站中开设团体心

理拓展课程，取得了良好的效果。2018 年，心理中心秦喆老师组织开展并录制的团体心理拓展活动《沟通零距离——人际关系团体心理拓展》荣获广东省高校心理拓展训练微视频作品一等奖（见图 10.1）。2022 年，心理中心秦喆老师和江平老师组织开展并录制的团体心理拓展活动《照亮自我——大学生自我意识的发展与完善》荣获广东省高校心理拓展训练微视频作品一等奖（见图 10.2）；王新香老师组织开展并录制的团体心理拓展活动《大学生积极情绪培养之敏锐觉察情绪》荣获广东省高校心理拓展训练微视频作品二等奖（见图 10.3）。

图 10.1　《沟通零距离——人际关系团体心理拓展》剪影

图 10.2　《照亮自我——大学生自我意识的发展与完善》团体心理拓展活动

图 10.3 《大学生积极情绪培养之敏锐觉察情绪》团体心理拓展活动

以下为三例团体心理拓展活动开展情况。

例一：快乐合作，幸福成长——心理中心团体心理拓展活动顺利开展。

2017 年 12 月 4 日晚，心理中心在教 B111 开展了以"快乐合作，幸福成长"为主题的团体心理拓展活动。本次活动由心理中心的秦喆老师全程带领并指导，林炳橡老师协助指导，心理健康服务站全体成员到场参加。活动旨在引导心理健康服务站全体成员在互动过程中感受到患难与共的拼搏精神，真正体会到个人与团队之间千丝万缕的联系，在直面真实的自己和认识团队的力量中学会快乐团队合作，促进彼此幸福成长。

在秦老师的带领下，依次展开了"异掌同声""寻找同盟""人际网""天罗地网""步步惊心""齐眉圈""超级迷宫"七个团体拓展项目（见图 10.4、图 10.5、图 10.6）。通过"异掌同声"测试成员之间的默契，两轮"寻找同盟"的游戏让在场大多数成员短时间内记住成员彼此之间的基本信息，"人际网"则加深了成员彼此之间的情感联结。已经相互熟悉的成员们分成四组以"两两 PK"的形式进行了后续的拓展项目。"天罗地网"让成员们团结一致，感受到相互合作才能够赢

图 10.4 "人际网"

过对手；"步步惊心"引发团队成员思考如何在"共赢"和"决斗"的博弈中作出自己的选择；"齐眉圈"和"超级迷宫"需要成员之间互相交流、信任以及默契配合才能够取得成功。

图 10.5 "步步惊心"

图 10.6 "超级迷宫"

最后，秦老师引导同学们分享在拓展活动中的感受。同学们纷纷表达了自己的心得体会。

"对于这次活动，对我自己的感悟也挺大的。其实我一直认为，很多事一个人就可以做好的，何必这么多人呢？一个人做起更快，出错了自己来承担，人多了做起来反而烦琐。可今天的拓展活动让我的这种思想有所松动，我一个人可以把那个迷宫同时提起来吗？我一个人可以把路障弄得如此完善吗？不行！所以说，我要很快把我这种个人化的思想转变过来，快速融入集体，更好地和大家一起在心康站工作。"

"游戏活动中蕴含的道理与生活中是一样的，在生活中有给我们制造困难的人，但我们也要感谢这些人，正是因为他们制造的困难，我们才能不断挑战自己，挑战自己的极限，不向生活低头。人生有平平稳稳，也有跌宕起伏，无论怎样，都要笑着面对人生，永远不要对生活失去希望，因为我们有家人、朋友、同学这些爱我们的人，为了爱我们的人要好好爱自己。"

"我很高兴老师给予我这样的机会，让我们认识到合作、团队精神的重要性。通过活动体验，老师一步一步教会我们各种道理，让我们成长，学会如何在人生这个充满坎坷的道路上，带着乐观的心态，带着希望继续前进。我很希望这样的活动以后可以多开展。"

短短两个小时的团体拓展活动，强化了心理健康服务站的团队建设，加强了成员之间的沟通、交流与合作，帮助同学们克服工作中的畏难情绪，提升解决问题的积极性与主动性，学习正确处理好人际交往中的摩擦，激励同学们发挥自己最大的潜能，团结一致为心康站作贡献，真正做到"快乐合作，幸福成长"。

例二：破冰之旅 携手同行——粤垦校区团体心理拓展活动。

为了提高心理委员和心康站同学的沟通能力，增强团队意识，携手做好学生心理服务工作，2018 年 12 月 11 日，粤垦校区 2018 级各班心理委员和心康站的同学们在体艺馆开展了一次团体拓展活动。活动全程由王新香老师指导进行，此次活动顺利进行并达到了活动的目的。

贪吃蛇：由 12 支队伍分别进行"剪刀石头布"，输的队伍就要归位赢的队伍，以此类推，最后所有成员都会在同一个队伍（见图 10.7）。

图 10.7　"贪吃蛇"

人际网：小组成员通过抛线团的方式来结成一张人际网。彼此之间认识，了解成员的姓名以及兴趣爱好，同时必须记住自己前一位成员的信息。如果记不住的话，就要接受惩罚（见图10.8）。

图 10.8　"人际网"

选出队长来带领自己的成员去与其他小组进行 PK，接下来是各个小组的队名和口号的展示时间（见图10.9）。

图 10.9　小组展示

兵乓球运输：哪个小组速度最慢，就要接受来自最快小组的惩罚（见图10.10）。

图 10.10　"兵乓球运输"

悄无声息：考验团队默契的时候到了，在游戏中体会团队之间默契和信任的重要性（见图10.11）。

图 10.11　"悄无声息"

纸牌站起来：在规定时间内哪个小组搭建的最高且最牢固就胜利，看看谁搭得最高（见图 10.12）。

图 10.12　"纸牌站起来"

通过这次的团体拓展活动，心康站成员和心委实现进一步交流，从中也了解到沟通、团体合作的重要性。

以下是参与同学的活动感言（节选）。

"悄无声息这个游戏，让我们了解到了团队默契和信任的重要性。无论哪个环节，出现了失误，都不能埋怨队友，因为我们是一个集体，抱怨从来都不是解决问题的方法，沟通才是。"

"在这次活动中，我们学会了团结协作，知道做任何事情之前都不能只想当然；在工作中要学会分工合作，并然有序，这样做起事情来才不会手忙脚乱。"

"这次活动的举办，让心康站的小伙伴和心委们之间更加深入了解，让我们懂得一个道理：失败不可怕，可怕的是没有站起来的勇气，可怕的是自认为自己做不好。"

"昨晚的团队活动让我感悟良多。看似简单的小游戏，揭示了深刻、抽象的大道理。让我找回了学习中被遗忘掉的却最为珍贵的东西：激情与活力。"

例三：用心沟通 携手同行——增城校区团体心理拓展活动。

2018 年 12 月 4 日和 12 月 6 日，2018 级心理委员团体心理拓展课在增城校区体育馆顺利开展。本次活动课程由心理中心秦喆老师全程带领并指导，增城校区 2018 级全体心理委员和心理健康服务站理事层同学参与其中。

成员初识：小组通过以抛红绳结成一张人际网进行小组成员自我介绍、彼此自由交流，熟悉小组内每个成员并选出组长进行接下来活动。（见图 10.13）。

图 10.13　成员初识

众里寻他：提问 VS 回答，在规定的时间内，攻方要找出守方的神秘人（见图 10.14）。

图 10.14　"众里寻他"

速度与激情：1 分钟时间观察 30 张图片，通过小组成员们智慧的头脑，思考破解出图片所代表的含义（见图 10.15）。

图 10.15　"速度与激情"

高山流水：球在人在，如果球掉了，"保护员"捡起来重新开始（见图 10.16）。

图 10.16　"高山流水"

动力圈：全体队员围成一个大圆圈，双手握住动力圈，把大家联结成一个完整的圆。往外拉紧绳子，感受到大家的力量凝聚在一起，再拉紧绳子，感觉它像很硬的钢筋。保持这种状态，然后一起做统一的动作。动力圈的活动过程让大家体验到了团结合作的力量，拉近了彼此之间的感情，让大家更好地融入心理工作团队这个集体（见图 10.17）。

图 10.17　"动力圈"

团体心理拓展活动结束后，通过在线问卷调查了解同学们的参与感受。结果发现，通过体验式团体心理拓展课程的开展，心理委员的沟通交流、团队合作、责任意识、创新思维、组织能力、反应能力和观察能力都得到了不同程度的提升。以下是参与同学的反馈（节选）：

学生感受：

"这是一种特殊形式的课程，让我们走出教室，通过体验活动更加深入地去思考与探寻一些东西。"

"老师很用心，用游戏让大家感受到团队合作的核心精神，更好地理解了集体意识。让我们清楚自己的身份，明白以后责任。"

"在这次活动中学到了许多在实际生活中的道理，促进了我们心委之间的认识，让我们更加地熟悉了对方，相信未来的工作会做得更好！"

"通过本次心理拓展，我深刻体会到作为心理委员应有的技能与素质，同时也大大提升了团队合作与沟通的能力。"

"深深地感受到一个团队每个人都起很重要的作用，大家要相互团结、互相鼓励，要齐心协力，不能互相推卸责任。"

"我觉得对我的心委工作有很大的帮助，平时有想过组织班级同学一起活动但是具体可以玩什么还比较迷茫，今天就让我学习到了很多有意思的活动形式。"

"通过本次团体心理拓展课程，我学会了自信心的培养方式，感受到团队合作精神，在今后的人生道路上，我会勇往直前，努力成为更好的自己。"

"这次的拓展课程很不一样！打破了之前只是在教室里听老师讲课的方式，现在在一个大课室内，和不认识的同学们组成了一个小组，从开头到结束，让大家彼此更加了解。并且，这些游戏都很有趣！考验大家的团结合作力！"

"这次活动让我感受到一个团队只要有一个共同的目标，无论认不认识，都可以奋勇前进。"

"这是我第一次以游戏方式上课，我认为非常有趣，在游戏中学习。老师很亲切，小组老师认真负责，组长很棒。"

学生启示：

"遇到事情，必须冷静。"

"生活的各个方面都与心理有关，在以后的工作生活中我要时刻观察身边的情况，把自己的工作做到更好。"

"要理解他人，学会多角度思考问题。"

"学会跟同学在工作上或学习上团结合作，不会的可以请求别人的帮助。"

"处事不乱，处事不慌，坚持面对困难，耐心面对失落。"

"我觉得使我变得更加外向、乐于助人。"

"多一点时间给惯性思维之外的想法。"

"要善于观察每个人的特性，以便更好地开展自己的工作。团结是集体胜利的基石。"

"面对事情，一定要有耐心，要有良好的团队意识，以及敏锐的思维力和洞察力，在工作中、生活中，我们都应该本着认真负责的心态去做事，充分发挥团队精神，通过这次活动，让我对团队的重要性有了进一步的理解，在今后的生活、工作中，我将会更加努力，做好自己该做的事情，加油！"

"分清责任，看清职位，学会倾听。"

活动 3　参与团体心理拓展活动

　　大学生心理健康教育中心不定期举办团体心理拓展活动，通过微信公众号、心理委员等渠道对在校生发布招募海报。关注 AIB 心理健康服务站微信公众号，可第一时间获取活动信息。

项目 11

心相遇 心成长：心理成长团体

项目概述

项目目的　根据不同的主题设计进行的团体心理辅导可以使学生积极投入在朋辈团体中，促进自我体验能力的发展，进而促使学生自我成长。

项目组织　通过团体领导者的带领，团体成员围绕某一共同关心的问题，通过一定的活动形式与人际互动，相互启发、诱导，形成团体的共识与目标，进而改变成员的观念、态度和行为。

预期成果　工作坊形式多样，主要通过小型团体的心理体验活动，帮助同学们更好地与自己的内心对话，深入探索自我，激发潜能，感受心理学魅力。

内容设计

通过招募在校学生创立心理成长团体，学生可以在团体中进行信息交流，相互模仿，尝试创造，学习人际关系技巧等，进而形成正确的自我意识，提升自己的人际交往能力，调节和改善学习和生活中的不良情绪，并掌握有效的应对方式，从而获得身心的健康发展。

活动 1　了解心理成长团体；

活动 2　了解心理中心创立的心理成长团体；

活动 3　参与心理成长团体。

能力目标

AT1　有效沟通、团队协作；

CT2　保持心理健康；

FT2　适应角色、调整发展；

ET2　解决问题；

CT1　责任担当。

评价方式

签到记录、行为观测、心得体会。

素质得分

基础分、组织者附加分。

活动 1　了解心理成长团体

一、什么是团体

团体是多个成员一起，通过互动和反馈，让成员彼此之间有密切的联系。如果把团体过程中每个组员与其他组员的互动用连线的方式来表示，一个好的团体会像一张密密麻麻的网，成员之间有非常多的互动，彼此帮助。团体相当于一个安全、自由的社会实验室，把现实生活中的人际关系复现出来（见图 11.1）。

只要时间足够，早晚会在团体成员眼前表现出他们一直、惯有相同的人际关系

图 11.1　什么是团体

我们对于自己的人际相处模式，有时是不能主观意识到的。在团体中，你可以真实、自然、自发地表达，这样你才会清楚地看到自己在人际关系中的表现以及自己表现中不被接纳的部分。

团体促使个体在交往中通过观察、学习、体验来认识自我、探索自我、接纳自我，调整、改善与他人的关系，学习新的态度与行为方式，发展良好的人际关系。

二、什么是心理成长团体

心理成长团体提供的是团体心理咨询服务，相对个体心理咨询，团体心理咨询是另一种常见的有效心理咨询形式。

在咨询师的带领下，约 8～12 名有共同心理成长需求的成员一起营造尊重、理解、信任、接纳、温暖、安全的良好氛围，围绕团体心理主题自由分享、真诚沟通、互动反馈，探索阻碍成长的模式，用新的视角看待自己和困境，学习有效的人际交流技巧，尝试适应性的应对行为，最终促进每个成员成长。

三、团体如何帮助你改善人际关系

心理成长团体通过以下方式可以帮助个体改善人际关系。

（1）提高自我认知。团体心理辅导能帮助参与者更深入地了解自己的情绪、需要、价值观和行为模式。这种自我洞察有助于识别并调整可能影响人际关系的行为和态度。

（2）促进有效沟通。团体环境提供了一个安全的空间，让成员们练习倾听、表达和反馈技巧。通过角色扮演、关注练习等活动，成员们能学会尊重他人观点、有效地传达自己的想法和感受，这对于日常人际关系至关重要。

（3）增强同理心与理解。在团体中分享和讨论个人问题时，成员们有机会站在他人的角度思考问题，增进对他人的理解和接纳，培养换位思考的能力，减少人际冲突。

（4）建立信任与支持。团体内的互动鼓励成员间的互助与合作，建立起一种互相信任的关系网络。通过共同面对挑战和解决问题，成员们可以学会信任他人，同时也能体验到被支持的感觉，这些经验可以迁移到日常的人际关系中。

（5）处理冲突与矛盾。团体心理辅导也会教授冲突解决策略，帮助成员们在遇到人际冲突时能够更加冷静、理性地处理分歧，发展和谐的人际互动模式。

（6）社会技能训练。通过各种活动，比如团队建设游戏和任务，成员们能够锻炼自己的社交技能，如团队协作、领导力和影响力，这些都是良好人际关系不可或缺的部分。

综上所述，心理成长团体提供了一个良好的团体关系情境（见图 11.2），通过专业指导和支持，促使成员们在实践中学习和改进人际关系技巧，进而提升其在日常生活、学习和工作中的社会适应能力。

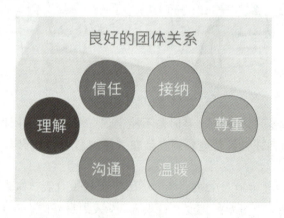

图 11.2　良好的团体关系

四、团体的作用

心理问题很多时候是关系的问题，早年的关系问题会影响到他长大以后跟其他人的关系。我们其实是关系中的人，而我们产生的问题其实是关系的问题，关系的问题只能通过关系去化解（见图 11.3）。

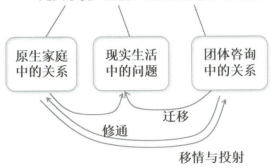

图 11.3　团体改善关系

因为团体里有很多的人，每个人都性格迥异，整个团体就像一个社会缩影，只要成员在团体里待得足够久，就会把他们在现实生活中的人际问题带进来，在团体中呈现。

当问题呈现时，改变的契机就来了。因为他在团体里面呈现的这个问题，其实就是他早年人际关系在团体里面的移情和投射，就是他早年人际关系在团体里的再现，就像是铁板重新回到了熔炉，我们有机会让铁板重新变直，有机会去修通他的心理问题。

团体可能带来的体验和收获有：

（1）尝试打开心门，倾诉心声，感到被听到、被看到、被理解。

（2）在尊重、安全的环境中，轻松自在、舒适自由，放下人际面具，做回真实的自己。

（3）在团体中找到有相似生活感受和经历的同学，去和他人的内心产生联结共鸣，不再孤独。

（4）更清晰地觉察和理解自己的困惑，看待人和事物的视角更多元化。

（5）接受帮助也给予帮助，重拾个人的内心力量和成长的动力。

（6）有勇气去尝试新的应对方式和人际交互，让自己在人际关系中更舒适、更开心。

（7）提升人际关系质量，对自己有信心，对生活有期许，对未来有希望。

活动 2　了解心理中心开展的心理成长团体活动

自 2018 年起，心理中心开展了一系列由专职心理老师带领和促进的线下心理成长团体活动，包括小白心理沙龙（见图 11.4）、人际关系团体（见图 11.5）、情愿卡团体（见图 11.6）、照片艺术治疗团体（见图 11.7）、叙事疗法团体（见图 11.8）等，得到同学们一致好评。特别是 2020 年 3 月至 6 月，心理中心因事而化、因时而进、因势而新，推出线上小白心理沙龙，受到同学们的欢迎，同学们的参与热情和参与度极高。据统计，心理中心一共开展了 12 期、近 30 场线上小白心理沙龙。

图 11.4　小白心理沙龙招募海报

图 11.5　人际关系团体招募海报

图 11.6　情愿卡团体招募海报

图 11.7 照片艺术治疗团体活动

图 11.8 叙事疗法团体活动

以下整理了部分同学加入心理成长团体后的反馈（节选）。

一、收获

（一）对于团体

"从团体中认识到人性的多样性、了解到原来当我们身处一个团体环境时，我们所谈及的话题源于生活，源于自己，学到更多地理解人性的多样化，学到更好地倾听的重要性及反馈的重要性。"

"在团体中每个人的思维想法都是不一样的，如果说出来一个问题，大家可以提供一些不同的意见，即使那不一定能解决问题，但是可以让我从另一个角度去思考，进而去解决那个问题。另外在一个认识不是很久的团体里，让我勇敢地表达，还有让我重新认识自己。"

"面对几乎是陌生的小伙伴，仍然可以敞开心扉分享自己生活中的小事，让我觉得倍感亲切，也让我懂得信任真的是要建立在彼此真诚的基础上的。其次今天最大的收获就是让我明白，认真倾听是一种美德，也是一种能力，倾听他人时不代入自己的主观意识加以评判是很难的，而要做到共情更是难上加难。但是没关系，起码第一次的情愿卡活动已经让我学会了如何更真诚、更用心地倾听他人"。

（二）对于朋友

"勇于表达！学会倾听！烦恼每个人都有，学会处理好情绪，我们可以更高效地生活！"

"学会了怎么释放自己心中的不愉快，别太在意他人对自己的看法，努力变得更好。"

"舍友之间平静和谐的相处也是一种美好。"

（三）对于家庭

"活动中，我分享了自己的一个小故事，在短短的几分钟时间里，我说出了自己内心的感受，得到了大家的一些反馈，如家从来不是一个讲道理的地方，而是用爱来感受的。这很打动我。俗话说，家家有本难念的经，无论其中有多少的矛盾与分歧，但血浓于水的亲情永远在那里。"

"自己与父母之间的矛盾可以尝试用不同的方法来解决，转换自己与父母之间的主导和被主导地位，让自己的烦恼减少。"

（四）对于未来

"或许有时候我们感觉到自己穷困潦倒，但别忘记曾经我们也有梦想。"

"聊到未来职业的规划。我愣了一下，原来我们虽然只是大学生，但是已经开始担忧以后的责任和压力了。我好像一直没有想过这样的问题，现在想起来也算是重新审视自己、认识自己的过程。"

"这两年的自己应该明确以后的方向，为自己的将来设置每一阶段的目标。"

（五）对于心态

"不要太在意别人的看法，静下心来好好学习，大学生有大学生的学习方法。最好的理解是感同身受，不要剥夺身边人倾诉的权利。"

"每个人的性格和追求都不一样，我觉得不必总是拿自己和他人进行对比，接受当下的状态并不断完善自身，学会悦纳自己并不断努力就好。"

二、感受

"刚开始有点紧张，后来逐渐就开始从容一点；刚开始沉默的时候，我有点忐忑，认为不说话我的责任很大，但是在后来我习惯了沉默，这种感觉就挺好的。"

"适时地沉默能让心灵浮想联翩，适时地开启话题能更好地了解彼此，一定的空间、一定的时间让我沉浸在自我的心灵世界与敞开心灵的对话，但却不失彼此的心灵对白。"

"这次活动可以说我既是倾听者也是发言者，今天帮助了一位同学，她的问题和我上次在心理沙龙活动的问题差不多。这次活动我发现我成长了很多，帮助他人自己也很开心，希望能帮助到她！"

"第一次参与心理活动，感受到每一位同学在生活或学习中都有着不同的经历，每一位同学的侧重点和关注点都不太一样，在这里我们以平常心态去倾听他人的想法，能够让自己去感受他人当时的心境，以便在往后自己遇到类似情况时，能够正确应对。"

"在这个团队里获得了治愈，大家真的都很温暖。其实大家都有类似的经历，可以达到心灵的共鸣。即使有一些困扰没有说出口，在大家帮助他人解决问题、思考解决方式的过程中，也得到一些解决困扰的思路，解决大多数问题的思路。"

"今天我有了很大的收获，不管是老师还是同学们都给我很多建议还有鼓励，非常感谢！经过这次心理沙龙的活动，以后遇到这样的事情我知道该如何去解决它。还有一些类似的问题，大胆地做自己，不要过多在意或者幻想。今天还有一个比较大的收获就是自己能勇敢地与他人分享自己的事情，这是我今天的突破，也非常感谢这次心理沙龙的活动，希望下次也有这样的机会去听听别人的故事！"

"我感到很温馨，不用害怕他们会说出去，或者会反对，因为来这里的人都在学习，所以大家都在听，都在看，都在感受。"

活动 3　加入心理成长团体

开启一段新关系，其实是一场冒险。在团体内和每一位成员进行坦诚、开放的讨论，从中发现自己的欲望、冲突、情结等，这是一个有意义的过程。

一般来说，所有人都可以参加团体。但为了让团体的主题更聚焦，建议有以下需求的同学重点关注。

（1）寻求个人成长与探索的。

·希望深化自我认知，增强自我意识，提升自我接纳能力的人群。

·希望改善人际关系技巧，减少孤独感，增强社交适应能力的人群。

·需要面对生活转变期挑战，如人生规划、毕业就业、职业选择与发展、恋爱关系、学业压力等问题的个体。

（2）存在心理困扰的。有心理压力、焦虑、抑郁情绪或者自我价值感低落的人群，可以通过团体环境得到情感支持和经验分享。

（3）有意愿提升人际效能的。对人际交往有困扰，想要提高共情能力、沟通技巧和社会适应能力的人。

（4）追求心理健康和生活质量提升的。关注自身心理健康，愿意投入时间和精力进行内在探索和外在行为改变的个体。

心理成长团体适合那些有自我探索欲望、渴望提升自我、改善人际关系、应对生活挑战、增强情绪管理和解决问题能力的人。它不仅适用于有明显心理问题的人，也适合健康人群持续成长和自我提升。如果你有强烈的想要探索自己和成长的欲望，能觉察自己和他人的情绪、情感，并能够忍受团体过程中呈现的负性的情绪、情感体验，能以坦诚、开放、非伤害的态度表达自我和对他人的感受，能够保证按时参加活动，欢迎你报名参加心理成长团体活动。

总的来说，心理成长团体为个人提供了一个充满支持与理解的社群，在这里，每个人都有机会从多维度出发，全面提升自身的心理健康水平和社会适应能力。

项目 12

观影疗心 心影共鸣：心理电影赏析

项目概述

项目目的 通过组织学生们观看富有心理学含义的中外优秀影片，熏陶学生思想，拓宽学生眼界，丰富学生课余生活的同时，感悟电影带来的心理成长动力。

项目组织 学生观看影片，主持人带领并引导学生分享观影感悟。

预期成果 促使学生思考与自身相关的困惑并从电影里感受爱与希望的力量。

内容设计

本课程遴选富有心理学含义的中外优秀影片，展示给同学们观看，并引导同学们积极思考、感悟电影里的心理动力和能量。

活动 1 了解心理电影赏析；

活动 2 赏析心理电影。

能力目标

CT2 保持心理健康；

ET2 解决问题；

FT2 调整发展。

评价方式

观察。

素质得分

基础分、组织者附加分。

活动 1　了解心理电影赏析

一、电影疗法的由来

通过观看艺术电影为有心理问题的人进行治疗的方法是英国著名心理医生贝尔尼·弗德尔发明的。弗德尔医生给自己的来访者推荐各种艺术影片来治疗他们的心理问题。电影疗法的关键是找到使来访者产生强烈共鸣的影片，不管是情节还是音乐，有时甚至片中人物的一个眼神都能拨动观众的心弦。来访者看完后，心理医生会与来访者进行一次令人兴奋的谈话，这使来访者的心理状况得到显著改善。

2003 年，电影疗法得到英国心理及精神病领域最具权威机构——英国皇家精神病学院的正式认可，并建议将这一方法在全国推广，这标志着电影疗法作为一项心理干预技术被正式认可和接受。

如今，电影疗法已作为一种心理咨询的重要辅助手段，得到主流心理学界的认可和主流社会的接受。

二、心理电影赏析

心理学影片传达着人性包容的观点和态度。通过对剧中人物的心理活动与行为表现进行欣赏和分析，揭示其内涵，从而推动大学生对人类自身的再认识，在别人的故事里解读自己的生命体验，在深层次认识自我的基础上重新规划自我。

心理电影赏析课以电影为载体，秉承引导学生感受美、鉴赏美、传递美的理念，训练学生的思维能力，启发想象力和创造力，疗愈学生的心灵，陶冶情操，帮助学生认识与规划人生，实现对人性美和人物心理的解读。

三、心理电影赏析与心理健康教育

从国内研究看，近年来，我国的心理电影研究已有一定的积累，如利用心理电影促进学生心理健康、用电影疗法治疗心理疾病、用电影疗法改善未成年犯心理健康状况、将心理电影应用于心理学教学中、研究电影疗法本身等。

这些理论与实践的积累，说明利用心理电影进行心理健康教育是可行和有效的，进而，利用心理电影对公众进行心理学、心理健康科普也是可行的。观看心理电影的过程中，观众的心理受到触动，通过同理心、共情、移情、宣泄、释放等作用机制，观众在观影过程中实现了一定的心灵成长。

心理电影赏析课不是一门普通的知识性课程，它同时兼有智育、德育、美育的功能。

（1）智育功能：心理电影赏析课是一门属于心理学特殊门类的知识性课程，具有对大学生进行心理知识普及、心理健康教育，提高大学生分析与鉴别能力的作用。通过对心理电影内容的介绍与分析，帮助大学生更好地理解与欣赏电影的深层内涵，从而更好地普及和应用心理学知识，对心理问题起到预防、治疗和疏导的作用。

（2）德育功能：心理电影赏析课具有培养大学生人文精神的作用。我们通过电影从旁观的角度观看自己，可以把自己看得更清楚，把问题想得更透彻。在欣赏电影带来的视觉冲击和视听享受，得到心理调适和身心放松之余，可以品尝到营养丰富而回味良久的心灵大餐，在无形中心理电影起到了"心理保健"和"心理咨询"等方面的作用。

（3）美育功能：心理电影赏析课具有培养大学生审美素质的作用。心理影片欣赏，并不仅限于剖析、揭露和治疗，更重要的是进行引导、启发和鼓舞。心理学并不只是让我们了解和解决人性中的黑暗病态，更重要的是启发我们丰富多彩的情感、美好的心灵、光明的人性。

通过开展心理电影赏析活动，丰富同学们课余文化生活的同时帮助他们拓宽眼界，学会释放压力，感悟电影里的积极能量，从电影里提炼爱与希望的力量。

当深奥的心理学搭载上电影这种喜闻乐见的载体时，就能引发学生对心理学的兴趣，吸引学生了解和学习心理学健康知识。一部优秀的电影作品能恰到好处地表现和探讨人性，一位优秀的演员也能很好地理解角色并且发自内心地表达出来。

活动 2　赏析心理电影

心理电影赏析包括两方面内容：一方面，通过观影者对剧中人物的心理活动与行为表现进行欣赏和分析，揭示其内涵和启示，从而推动观影者对自身的再认识，在别人的故事里解读自己的生命体验，在深层次认识自我的基础上重新规划自我。欣赏电影时，观影者并不是被动地接受电影的信息，而是在积极地思考，对于情节的推进不断进行预测和判断，从中获得自己需要的东西。另一方面，则是心理咨询师、心理辅导老师等对心理影片进行解析。他们从专业心理学的角度走进片中人物的内心世界，将心理学专业知识还原到剧情中，深刻感受角色的心灵言语；对电影内容在心理学层面呈现的常识和规律进行深度探讨，并利用剧情来进行心理健康教育。

心理中心开展过的心理电影赏析片目列举如下（见表12.1）。

表 12.1　心理电影赏析片目汇总

1	2010.03.10	《美丽人生》	20	2013.11.13	《奔腾年代》
2	2010.04.22	《心灵捕手》	21	2014.04.23	《佐贺的超级阿嬷》
3	2010.05.26	《放牛班的春天》	22	2014.11.19	《阿信的故事》
4	2010.05.27	《通往特雷比西亚的桥》	23	2015.04.20	《等一个人的咖啡》
5	2010.10.20	《风雨哈佛路》	24	2015.12.14	《超能陆战队》
6	2010.11.03	《温情橄榄球》	25	2016.05.16	《我的少女时代》
7	2011.02.26	《马达加斯加》	26	2016.10.10	《叫我第一名》
8	2011.03.14	《第六感》	27	2017.03.20	《飞屋环游记》
9	2011.04.14	《叫我第一名》	28	2017.12.14	《少年派的奇幻漂流》
10	2011.05.19	《天使爱美丽》	29	2017.12.14	《忠犬八公的故事》
11	2011.10.20	《弱点》	30	2018.04.23	《丈夫得了抑郁症》
12	2011.11.09	《风雨哈佛路》	31	2018.04.23	《头脑特工队》
13	2011.03.14	《心灵捕手》	32	2022.04.06	《头脑特工队》
14	2012.05.18	《三个傻瓜》	33	2022.04.20	《叫我第一名》
15	2012.05.18	《风雨哈佛路》	34	2022.04.28	《青春变形记》
16	2012.05.25	《肖申克的救赎》	35	2022.05.11	《寻梦环游记》
17	2012.10.31	《在世界转角遇见爱》	36	2022.11.25	《乌云背后的幸福线》
18	2013.03.13	《人生遥控器》	37	2023.04.20	《心灵奇旅》
19	2013.04.24	《红辣椒》	38	2023.04.25	《心灵捕手》

项目 13

关注自我 从心开始：心理健康专题讲座

项目概述

项目目的　以专题讲座的形式宣传心理知识，启迪学生的心灵成长，引导学生了解心理知识，疏导心理困惑，提高心理素质。

项目组织　策划、邀请心理专家进校园，围绕大学生感兴趣的主题进行专题讲解，与学生互动交流。

预期成果　帮助大学生正确认识自我、规划自我、超越自我，同时展现学生丰富多彩的课外生活，营造积极健康的大学校园氛围。

内容设计

通过开展心理知识专题讲座，普及科学的心理学知识，提升大学生对心理知识的理解能力，培养大学生积极的心理品质，关注自身心理健康，接纳自己、关爱他人，营造包容、和谐、幸福的校园文化氛围。

活动 1　参加心理讲座；

活动 2　反馈心得感受。

能力目标

AT1　有效沟通；

CT2　保持心理健康；

ET2　解决问题；

FT2　调整发展；

CT1　责任担当。

评价方式

签到记录、心得体会。

素质得分

基础分、组织者附加分。

活动 1　参加心理讲座

　　为深入推动学校心理健康活动的开展，普及心理健康知识，提高大学生心理健康水平和心理素质，心理中心几乎每学年都会邀请心理医生、心理学专家、学者和心理工作者开展各类主题的心理健康讲座。讲座形式简单明了，内容丰富、通俗易懂，同学们的反馈良好。

　　学校举办过的部分心理健康讲座如下（见表 13.1），讲座现场情况见图 13.1 至图 13.14。

表 13.1　举办的心理健康讲座（列举）

讲座时间	讲座主题	主讲人
2017 年 9 月	《我是谁？——九型人格》	王三山老师
2018 年 4 月	《催眠激活你的创造力》	刘芬老师
2018 年 5 月	《明明白白我的"性"——性生理与性心理》	李惠娟老师
2018 年 5 月	《从心理学角度看大学生职业生涯规划》	吕媛医生、臧义升老师
2018 年 5 月	《小情绪 大智慧》	张黎黎医生
2018 年 10 月	《不负青春不负心——世界精神卫生日讲座》	陈卓医生、张治华医生
2019 年 4 月	《心理学家眼中的爱情舞（五）步曲》	钟向阳老师
2019 年 5 月	《大学生情绪管理》	佘细虹医师
2021 年 5 月	《培养积极心态 寻找幸福密码》	王明粤老师
2022 年 3 月	《大学生信息素养讲座》	金潞老师
2023 年 4 月	《和而不同 自在成长》	秦喆老师

图 13.1 王三山老师讲座

图 13.2 李惠娟老师讲座中解答同学们的疑问

图 13.3 刘芬老师讲座

图 13.4　刘芬老师讲座现场与同学们积极互动

图 13.5　张黎黎医生讲座

图 13.6　吕媛医生讲座中与同学互动

图 13.7　臧义升老师讲座

图 13.8　佘细虹医师讲座

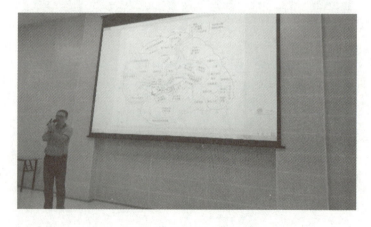

图 13.9　张治华医生讲座

图 13.10　金潞老师讲座

图 13.11　钟向阳老师讲座

图 13.12　钟向阳老师讲座后合影

图 13.13　王明粤老师讲座

图 13.14　秦喆老师讲座

活动 2　反馈心得感受

　　大学生心理健康教育中心每次举办心理讲座之前，会通过 AIB 心理健康服务站微信公众号调查了解同学们对心理讲座主题和内容的需求。讲座结束后通过扫描二维码问卷的方式让同学们提交对心理讲座效果、感受或收获的反馈。同时，将同学们提交的心得感受作为素质分取得的依据之一。

项目 14

分享传承 一脉相承：心康站校友分享会

项目概述

项目目的 挖掘校友资源，搭建毕业校友和在校生之间信息交流和互助的平台，让在校学生得到启发、帮助和指导，更好地把握未来发展的机遇。

项目组织 邀请毕业校友回校座谈、参观、互动等。

预期成果 有效搭建在校生与校友之间无障碍、零距离交流的平台，不仅让校友们在忙碌的工作中能够放慢脚步，感受学校变化，重温青春岁月，也给在校的同学们带来了成长的启迪与感悟，提醒同学们不忘初心、继续逐梦。

内容设计

邀请已毕业的优秀校友回校交流，为在校生分享成长经历，专业研修、就业、创业、职业经验等，搭建校友之间交流和互助的平台。

活动 1 了解心康站校友分享会；

活动 2 参加校友分享会。

能力目标

AT1 有效沟通、团队协作；

CT1 责任担当；

CT2 保持心理健康；

FT2 适应角色、调整变迁；

ET2 解决问题。

评价方式

签到记录。

素质得分

基础分、组织者附加分。

活动 1　了解心康站校友分享会

　　广东农工商职业技术学院"心理健康服务站"于 2007 年 12 月正式成立，原名为"心理志愿者协会"，2016 年 11 月成为独立学生组织，更名为心理健康服务站（简称心康站）。心康站隶属于学生工作处大学生心理健康教育中心，是在学生工作处领导和心理中心老师的指导下，由热心于大学生心理健康教育与服务的同学组成的服务性学生组织。

　　为了搭建校友与在校学生面对面沟通和交流的平台，在 2012 年"5·25"（即"我爱我"）大学生心理健康教育月期间，心理中心邀请毕业校友回校与在校生进行面对面交流，这是心康站首次开展校友回校交流活动，活动受到了同学们的欢迎和肯定，吸引了大量在校同学参与。

　　心康站校友分享会是大学生心理健康教育中心精心打造的品牌活动，自 2012 年起，在每年的"5·25"大学生心理健康教育月期间面向全校同学开展。从 2012 年起至 2023 年，心康站已经举办了十届校友分享会，历届校友会现场及合影见图 14.1 至图 14.20。

图 14.1　2012 年第一届校友会现场

图 14.2　2013 第二届校友会现场

图 14.3　2014 第三届校友会现场

图 14.4　2015 年第四届校友会现场

图 14.5　2016 年第五届校友会现场

图 14.6　2017 年第六届校友会现场

图 14.7　2018 年第七届校友会现场

图 14.8　2019 年第八届校友会现场

图 14.9　2021 年第九届校友会现场

图 14.10　2023 年第十届校友会现场

图 14.11 2012 年第一届校友会合影

图 14.12 2013 年第二届校友会合影

图 14.13 2014 年第三届校友会合影

图 14.14   2015 年第四届校友会合影

图 14.15   2016 年第五届校友会合影

图 14.16   2017 年第六届校友会合影

图 14.17　2018 年第七届校友会合影

图 14.18　2019 年第八届校友会合影

图 14.19　2021 年第九届校友会合影

图 14.20　2023 年第十届校友会合影

2020 年 9 月，心康站同学在心理中心老师指导下，积极联络毕业校友，策划了主题为"以心会友 共诉心志"的线上校友云分享会，邀请已毕业的优秀校友与在校生在线互动交流。校友云分享会于 2020 年 10 月至 12 月开展，每个月开展一期，分别围绕"职业职场""专业研修"和"就业创业"三个主题（见图 14.21、图 14.22），每期邀请五位毕业校友作为分享嘉宾，活动得到了全校同学的积极响应，此后，线上校友云分享会在每学年定期开展。

图 14.21　"专业研修"校友云分享会合影

图 14.22 "职业职场"校友云分享会合影

通过这样的活动，有效地搭建起在校生与校友之间无障碍、零距离交流的平台，让校友们在忙碌的工作中能够放慢脚步，感受学校变化，重温青春岁月。在与在校同学面对面交流的阶段，校友们纷纷将自己在求学、就业、创业过程中的经历和感悟无私分享出来。校友们的真诚分享，能够为在校的同学们带来启发、帮助和指导，使他们获得成长的启迪与感悟，引导同学们更好地把握发展的机遇。

活动 2　参加校友分享会

由大学生心理健康教育中心主办、心理健康服务站承办的心康站毕业校友分享会，每年举办一次，通过微信公众号、心理委员等渠道对在校生发布招募海报。关注相关服务站微信公众号，可第一时间获取活动信息。

参加校友分享会有以下几个重要意义。

（1）传承知识和经验。校友是学校历史和文化的承载者，他们的经历和职场经验对于在校生和刚毕业的校友来说具有很高的参考价值。通过分享会，他们可以传授行业知识、职业技能、求职经验等，帮助后来者少走弯路，更好地规划自己的职业生涯。

（2）拓展人脉网络。校友分享会是一个建立和扩展人脉的重要场合，参会者可以在轻松愉快的氛围中结识来自不同领域、不同行业的校友，这有助于拓宽职业发展的机会和资源。

（3）加强学校归属感。参加校友分享会让在校生和毕业生有机会感受到学校大家庭的温暖，加深对母校的感情认同，同时也能激发他们回馈母校、服务社会的热情。

（4）树立榜样作用。成功的校友故事能为在校生提供积极的人生观和价值观导向，激发他们追求卓越，勇于创新，同时也鼓励他们在面对困难时坚持坚守，以优秀校友为榜样激励自己。

（5）整合与共享资源。校友分享会能够促成各类信息、项目、资金等资源的有效整合与共享，形成互助合作的良好态势，有利于共同推动学校的建设与发展。

（6）反馈与建议。校友作为学校的宝贵财富，他们对教育质量、课程设置、就业指导等方面的意见和建议，有助于学校改进教学方式和提升服务质量。

综上所述，参加校友分享会对个人的职业发展、人脉积累、情感联系及学校整体发展都有不可忽视的价值和意义。

项目 15

心如暖阳 随心梦行：心理公益实践

项目概述

项目目的 培育大学生积极心态，满足大学生的社会化心理需求，激励、引导大学生建立积极认知，增进积极情感体验，培养其积极行为并形成积极意志品质。

项目组织 遵循"奉献、友爱、互助、进步"的准则，秉承"在实践中成长，在服务中成才"的理念，以学生为主体，在教师的指导下，以团体或个体形式开展各种志愿服务活动。

预期成果 充分体现了以学生为本，为大学生提供新颖的实践锻炼途径和更为广阔的发展空间，是提升大学生心理素质、发挥高职院校个性化育人作用的理想方式。

内容设计

心理公益实践是大学生利用课余时间及自身技能和资源，无偿地为他人、为社会提供心理帮助的行为，是大学生参与社会事务的重要途径。心理公益实践有利于帮助学生走出自我中心，引导学生自尊、自信、自强、自立，有效提升心理健康水平，有利于培育正向、乐观、进取的积极心态，使大学生成为自我实现的追求者和自我价值的成就者。

活动 1 了解大学生志愿服务；

活动 2 了解心理中心组织的心理公益实践；

活动 3 参与心理公益实践。

能力目标

AT1 有效沟通、团队协作；

CT2 保持心理健康；

FT2 适应角色、调整发展；

ET2 解决问题；

CT1 责任担当。

评价方式

行为观测。

素质得分

基础分、组织者附加分。

活动 1　了解大学生志愿服务

大学生志愿者是我国志愿者的主力队伍之一，志愿服务已经成为颇受大学生欢迎的活动与行为。一般意义上的大学生志愿者从事校外的志愿服务，由具有较高的思想觉悟并热心社会公益事业的在校大学生组成，利用课余的时间，结合自己的专业知识、技能、资源、善心，为他人、社区、社会提供非营利性、非职业化的援助。志愿服务是一种自觉、自愿的行为，体现了个人对生命价值、社会和人类的一种积极态度，一旦形成就具有强大的道德约束力，能够不断地激励大学生主动投身其中，并进一步转化为自身内在的行为准则和价值目标，形成了其特有的影响力和号召力。

大学生志愿服务，遵循"奉献、友爱、互助、进步"的准则，秉承"在实践中成长，在服务中成才"的理念，以学生为主体，在教师的指导下，以团体或个体形式开展各种志愿服务活动。通过开展志愿服务，打造青年大学生统一、完整的人格品质，让志愿活动成为大学生参与社会实践、学以致用、培养兴趣、挖掘潜能的平台，充分体现了以生为本，为大学生提供了一条全新的实践锻炼途径和更为广阔的发展空间，是发挥高职院校个性化育人作用的理想方式。

活动 2　了解心理中心组织的心理公益实践

心理公益实践是志愿服务的一种形式，是大学生经由专业的培训，利用自己的课余时间，无偿并自愿为他人、社会提供心理援助的行为。

广东农工商职业技术学院心理中心自 2017 年 3 月开始，与广州市越秀区天使心家庭关爱中心建立心理公益志愿服务对接关系，专门为身心障碍的孩子提供一对一的志愿服务，定期输送经过培训的大学生志愿者参与到此项公益服务中。

天使心缘起于大提琴家林照程与钢琴家萧雅雯的家庭,因为拥有两位极重度和重度发展迟缓的女儿,曾经经历过许多照顾身心障碍儿童的挫折与艰辛,与许多身心障碍儿童的父母一样,他们深切体会到其中的苦楚和辛酸。正当最无助、绝望的时候,因着一个信念、一个改变,他们擦干眼泪,挥别阴霾,也使他们重新接纳自己,回到稳定的生活轨道,并且能以积极正面的态度来照顾孩子的成长,使全家重享喜乐而有盼望的生活。基于多年的切身经历,林照程夫妇深感"父母先走出来,孩子才有希望",在这样的体会中,与其他几个发展迟缓儿童的家长一起,在 2002 年成立了天使心家族基金会,希望借着家长间彼此的经验交流与互助,以及社会资源的整合,帮助每一个拥有爱奇儿(即指身心障碍的孩子)的父母与家庭,重新找回属于自己的自信与喜乐(见图 15.1)。

图 15.1 天使心志愿服务理念

心理公益服务具有教育功能、社会功能和心理功能,有利于帮助大学生走出以自我为中心的世界,树立正确的世界观、人生观、价值观,引导大学生自尊、自信、自强、自立,有效提升大学生的心理健康水平,有利于培育大学生正向、乐观、进取的积极心态,成为自我实现的追求者和自我价值的成就者。所有参与过心理公益志愿服务的同学均有不同程度的收获与成长,能够建立积极认知评价,增进积极情感体验,积累一系列积极能量,从而锤炼积极向上的意志品质,并将获得的积极心理品质内化在自己的学习和生活中。

以下节选部分师生参与天使心志愿服务的文字说明和照片。鉴于对爱奇儿家庭隐私的保护,照片经过了处理或拍摄时调整了角度。

2018 年 6 月 23 日,心理中心秦喆老师带领心理健康服务站 5 位同学参加天使心"家长加油站—家长能力训练—倾听与分享"活动。秦老师作为助教老师,引导家长团体开展心理支持活动(见图 15.2)。而参与志愿服务的同学,则为家长进行引导和温馨指引(见图 15.3)。

图 15.2　"家长加油站"团体活动

图 15.3　志愿者协助家长

2018 年 10 月 27 日，心理健康服务站一行 14 位同学作为志愿者，参加了天使心志愿服务（见图 15.4）。同学在活动现场迎接和陪伴爱奇儿（见图 15.5）。

图 15.4　志愿者合影留念

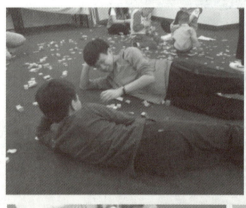

图 15.5 志愿者陪伴爱奇儿

2018 年 12 月 22 日，天使心公益音乐会《爱传承》在广州粤剧院举办。心理中心秦喆老师带领心理健康服务站同学以志愿者的身份参与了活动。志愿者们表演了《让爱走动，让爱飞翔》的开场舞，获得全场观众热烈而诚挚的掌声（见图 15.6）。

图 15.6　志愿者表演音乐会开场舞

音乐会内容包括舞蹈、音乐、家庭生命故事分享、舞台剧的表演。舞台剧主要是讲述一个爱奇儿的家庭故事，孩子患有孤独症，父母没有因为孩子的与众不同而放弃，而是与孩子一起共同面对，一起成长。爱奇儿父母带着对孩子的这份责任、这份担当、这份期待一直爱下去。

值得一提的是，音乐会舞台剧的剧本创作主要是由心理健康服务站的同学完成的。同学们创作的剧本得到了心理剧专家赖念华教授的肯定，她鼓励同学们把这个剧本在校园里展示出来，这不仅是非常好的心理健康教育的方式，同时，也能将天使心的这份爱传承下去（见图 15.7）。

图 15.7　志愿者在音乐会后跟导演和演员的合影

2019 年 10 月 19 日，在天使心爱奇儿父母知能讲座现场，为了让家长能安心听讲座，心理健康服务站 9 名同学作为志愿者，耐心陪伴爱奇儿两个小时，跟爱奇儿一起玩游戏、搭积木、做手工，用心去感受和体验爱奇儿（见图 15.8、图 15.9）。

图 15.8　志愿者陪伴爱奇儿做手工

图 15.9　志愿者合影

2020 年 9 月 13 日，心理健康服务站 4 名同学作为志愿者，参加了"天使好声音"活动。活动结束后，志愿者们收到了天使心家族的感谢卡片（见图 15.10）。

图 15.10　志愿者参加"天使好声音"服务工作并收到感谢卡

　　2020 年 11 月 21 日，心理健康服务站 7 名同学作为志愿者，参加了户外寻宝活动的志愿服务工作（见图 15.11）。

图 15.11　志愿者参加寻宝活动服务工作及志愿者合影

2021 年 3 月 21 日，心理健康服务站 9 名同学作为志愿者，参加了爱奇儿家庭的新春运动会志愿服务工作（见图 15.12）。

图 15.12　志愿者参加爱奇儿家庭新春运动会服务工作及志愿者合影

2021 年 4 月 24 日，心理健康服务站 7 名同学作为志愿者，参加了爱奇儿家庭寻春意活动的志愿服务工作（见图 15.13）。

图 15.13　志愿者参加爱奇儿家庭寻春意活动服务工作及志愿者合影

2021 年 11 月 27 日，心理健康服务站 6 名同学作为志愿者参加了天使心举办的志愿者分享会和爱奇儿陪伴会（见图 15.14）。

图 15.14　志愿者参加爱奇儿家分享会和爱奇儿陪伴会及志愿者合影

2021 年 12 月 16 日，心理健康服务站 9 名同学参加了天使心组织的《如何陪伴爱奇儿》专题讲座培训（见图 15.15）。

图 15.15　志愿者参加专题讲座培训及志愿者合影

2022 年 3 月 11 日，心理健康服务站 5 位同学作为志愿者，参加了爱奇儿家庭的亲子运动会志愿服务工作。心理健康服务站站长陆晓丹同学荣获"天使心年度优秀志愿者"（见图 15.16）。

图 15.16 志愿者参加爱奇儿家庭亲子运动会服务工作

2023 年 3 月 12 日，心理健康服务站 6 名同学作为志愿者，参加了爱奇儿家庭的《拥抱美好——亲子运动会》志愿服务工作（见图 15.17）。

图 15.17 志愿者参加爱奇儿家庭亲子运动会服务工作

活动 3 参与心理公益实践

心理公益实践活动定期开展，如需志愿者加入，会通过微信公众号、心理委员等渠道对在校生发布招募海报。关注相关心理健康服务站微信公众号，第一时间获取活动信息。

大学生参与心理公益实践活动具有多重特殊意义，主要表现在以下方面：

（1）培养社会实践能力。通过组织或参与心理公益实践活动，大学生可以将课堂所学的心理学理论知识应用于实际，提升解决实际问题的能力，增强社会实践经验和组织协调能力。

（2）培养社会责任感。参与心理公益活动能让大学生认识到心理健康的重要性，并承担起关爱他人、服务社会的责任，有助于培养其良好的社会责任感和公益精神。

（3）锻炼心理素质。在活动中，大学生们不仅能帮助他人处理心理困扰，还能借此机会认识自我、调整自我，增强自身的心理调适能力和抗压能力。

（4）建立朋辈互助关系。心理公益实践也有助于大学生之间建立起互助互爱的关系，通过共同关心他人的心理健康，增强同学间的情感联系，营造积极向上、相互支持的校园文化氛围。

（5）传播公益理念。大学生作为社会新鲜力量，通过参与心理公益实践，可以广泛传播心理健康知识，消除社会对心理问题的误解和歧视，为构建和谐、包容的社会环境贡献力量。

总之，大学生参与心理公益实践活动，既能实现个人专业技能与道德品质的成长，又能为社会心理健康事业的发展注入活力，可谓一举多得。

"心如暖阳 随心梦行"，心理健康服务站的小太阳们也会一直关注着天使心，并积极参与各种志愿者活动，我们对天使心、对爱奇儿的爱一直在，我们会携手同行，让爱与陪伴延续。

参 考 文 献

[1]　（美）大卫·库伯. 体验学习：让体验成为学习和发展的源泉[M]. 上海：华东师范大学出版社，2008.

[2]　樊富珉. 团体心理咨询[M]. 北京：高等教育出版社，2015.

[3]　王新香，秦喆，林炳橡. 高职院校体验式心理主题班会的实践探索[J]. 工程技术研究，2017(01).

[4]　娜塔莉·戈登堡. 写出我心：普通人如何通过写作来表达自己[M]. 南宁：广西科学技术出版社，2019.

[5]　邱鸿钟. 原生艺术与心理治疗[M]. 广州：暨南大学出版社，2018.

[6]　孙彦. 演说心理学[M]. 北京：人民邮电出版社，2012.

[7]　张晓丽. 高校校园公益广告的思想政治教育功能研究[D]. 徐州：中国矿业大学，2016.

[8]　徐荣. 高校校园公益广告的思想政治教育功能及其优化研究[D]. 太原：山西师范大学，2018.

[9]　江西省教育厅社会科学研究与思想政治工作处. 舞动心灵：校园心理情景剧操作手册[M]. 北京：中国人民大学出版社，2009.

[10]　石红. 心理剧与心理情景剧实用手册[M]. 北京：北京师范大学出版社，2006.

[11]　林炳橡. 高职院校心理健康教育活动的实践创新：以心理读书会为例[J]. 创新创业理论研究与实践. 2018，1(04).

[12]　罗家永. 心理拓展游戏 270 例[M]. 福州：福建教育出版社，2014.

[13]　桑志芹，邓旭阳. 大学生心理素质训练[M]. 上海：上海教育出版社，2006.

[14]　杜志敏. 心理素质与综合能力训练教程[M]. 北京：化学工业出版社，2007.

[15]　欧文·D. 亚隆. 团体心理治疗：理论与实践[M]. 北京：中国轻工业出版社，2010.

[16]　哈罗德·S. 伯纳德. 团体心理治疗基础[M]. 北京：机械工业出版社，2016.

[17]　杰罗姆·S. 甘斯. 团体心理治疗中的 9 个难题：从羞耻到勇气[M]. 北京：机械工业出版社，2020.

[18]　卡尔·罗杰斯. 卡尔·罗杰斯论会心团体[M]. 北京：中国人民大学出版社，2006.

[19]　徐光兴. 中外电影名作心理案例集[M]. 上海：上海教育出版社，2018.

[20]　谭洪岗. 电影与心理人生[M]. 北京：化学工业出版社，2000.